기회를 부르는 1%의 법칙

기회를 부르는
1%의 법칙

『기회를 부르는 1%의 법칙』은 저자와 오랜 세월을 함께하며 그가 걸어온 길을 곁에서 지켜본 제게도 특별한 감회를 주는 책입니다. 저는 저자가 대학교 3학년이었을 때 처음 만났습니다. 그때 그는 누구보다 열정적으로 배우고, 또 배운 것을 실천하려는 학생이었습니다. 한국대학생인재협회(한대협)에서 수많은 대학생 리더를 키우는 과정을 통해, 그는 배움에서 멈추지 않고 가르치는 자리, 나아가 조직과 사회를 움직이는 자리로까지 성장했습니다.

저자는 저와의 만남 속에서 제가 늘 강조해온 한 가지 가르침을 마음에 깊이 새겨왔습니다. 그것은 바로 '남을 성공시켜야 내가 성공한다.'는 원리입니다. 그는 이 정신을 단순한 구호가 아니라 삶의 철학으로 삼아 늘 다른 이들을 성장시키는 일에 앞장섰습니다. 수많은 청년들이 그의 지도 아래 변화와 성장을 경험한 것도 그 때문입니다. 이 철학이 있었기에 그는 한 명의 리더를 넘어, 한 세대를 이끌어가는 리더로 성장할 수 있었습니다.

그가 가진 가장 큰 강점은 이론과 현장을 동시에 아우르는 힘입니다. 단순히 개념을 전달하는 수준에 머무르지 않고, 실제 현장에서 수많은 프로젝트와 리더십 훈련을 경험하며 축적한 노하우를 지니고 있습니다. 또 그는 사업가로서도 자신의 비전을 현실로 만들어 내며, 배운 것을 삶 전반에서 증명해왔습니다.

이 책은 그런 저자의 발자취에서 나온 결정체입니다. 『기회를 부르는 1%의 법칙』은 단순히 '성공을 위한 기술서'가 아니라 기회를 발견하고 붙잡으며, 그것을 성장으로 연결시킨 실제적 지혜를 담고 있습니다. 독자는 이 책을 통해 막연한 열심이 아니라 전략적인 태도, 소극적 수동이 아니라 주도적 실행으로 나아가는 길을 배우게 될 것입니다. 무엇보다도, 자기만의 성공이 아니라 다른 사람과 함께 성장하는 길이야말로 진정한 성공이라는 메시지를 확인하게 될 것입니다.

저를 포함한 많은 이들이 오랫동안 지켜보며 확신할 수 있는 것은, 저자가 말하는 원칙과 메시지가 단순한 이론이 아니라 그의 삶과 사역, 그리고 수많은 청년들과 조직 속에서 증명된 '살아 있는 법칙'이라는 사실입니다. 그러므로 이 책은 신뢰할 만하며, 독자들에게 분명히 실질적인 도움을 줄 것입니다. 『기회를 부르는 1%의 법칙』이 더 많은 이들에게 도전과 통찰을 선물하길 바라며, 기꺼이 이 책을 추천합니다.

황용규, 한국대학생인재협회 지도 교수

대학 시절 한대협을 통해 저자를 처음 만났습니다. 당시 취업에 어려움을 겪던 저는 저자의 제자로서 취업에 필요한 태도와 마음가짐을 다질 수 있었고, 그 멘토링 덕분에 사회로 나아갈 수 있었습니다.

저자는 타고난 리더십과 더불어, 지난 15년 동안 수많은 대학생을 멘토링하며 그들의 사고와 태도를 성장시키고 결국 취업으로 이어지게 한 탁월한 경험을 쌓아 왔습니다. 이번 책은 오랜 시간 축적된 노하우와 인사이트가 집약된 결과물이라고 확신합니다.

현재 저는 인사팀에서 15년 이상 근무하며 수많은 신입 사원들을 만나 왔습니다. 그 과정에서 안타깝게 느끼는 부분 중 하나는, 요즘 신입 사원들 가운데 적지 않은 이들이 스스로는 충분히 잘하고 있다고 생각하지만 정작 현업 관리자의 기대에는 미치지 못한다는 사실입니다. 문제는 그 이유를 성찰하고 개선하기보다 좌절감에 빠져 견디지 못하고 조직을 떠나는 사례가 반복된다는 점입니다.

이러한 모습을 볼 때마다 늘 안타까움을 느꼈습니다. 신입 사원 시절은 누구나 시행착오를 겪을 수 있는 시기이지만, 그 과정을 어떻게 받아들이고 성장의 자양분으로 삼느냐에 따라 커리어가 크게 달라집니다. 저는 이 책이 바로 그런 전환의 순간에 서 있는 사회 초년생들에게 든든한 길잡이가 되어 줄 것이라 확신합니다.

회사 생활에 꼭 필요한 통찰과 태도를 미리 배우고 준비할 수 있다면, 많은 청년들이 불필요한 좌절을 줄이고 조직 안에서 더 건강하게 성장할 수 있을 것입니다. 저자에게서 배움을 얻었던 한 사람으로서, 또 인사팀에서 신입 사원들의 성장을 지켜보는 사람으로서, 이 책을 모든 사회 초년생들에게 자신 있게 추천합니다.

유선희, OB맥주 인사 담당자

저자가 약 20년간 한국대학생인재협회를 리딩하며 고군분투하는 모습을 지켜보았습니다. 이 책에는 저자의 실제 경험에서 비롯된 진실된 통찰력이 담겨 있습니다. 대학생, 직장인, 리더십으로 고민하는 모든 분들에게 현실적이고 직관적인 도움을 줄 것입니다.

임봉순, 맨파워써치 서치 컨설턴트 상무

조은지 멘토는 늘 '실천할 수 있는 지혜'를 전해주었습니다. 특히 사회생활 속에서 필요한 태도와 인간관계의 지혜는 실무 현장에서도 크게 와닿았습니다. 이 책은 삶을 살아가는 방식 자체를 돌아보게 하며 자기 삶에 적용할 수 있게 해줍니다!

하충효, 인테리어사 대표

지방대 미대를 나왔지만 조은지 멘토의 가르침을 따라 마케팅 분야에 취업할 수 있었고, 현재는 남편과 사업체를 운영하고 있습니다. 인생에 대한 태도를 긍정적, 생산적으로 바꿀 있게 도와줄 지침서가 필요하신 분께 강력하게 추천합니다!

조혜선, H사 공동대표

어느덧 사회생활 10년차가 되었습니다. 마음이 흔들릴 때마다 조은지 멘토님의 가르침을 통해 방향을 다잡아왔습니다. 대학생뿐만 아니라 사회 초년생, 실무자, 리더까지 사회에서 인정받고 싶은 모두에게 필독서로 추천합니다.

최한솔, 외국계 생활용품기업 Y사 마케터

잘릴 놈은 따로 있다?
아니, 태도에서 갈린다

나는 스물세 살에 한국대학생인재협회(이하 '한대협')라는 곳에서 활동을 시작했다. 처음에는 여느 대학생들과 마찬가지로 단순히 실무 경험을 쌓고 싶다는 마음이었다. 하지만 이곳에서의 경험은 나의 삶 전체를 바꿔 놓았다.

한대협은 2006년, 기독교의 선교적 비전을 품고 창립된 비영리 단체로, 대학생들이 실전 프로젝트를 경험하며 성장하고, 취업 이후의 진로까지도 함께 고민해 주는 공동체이다. 나는 2007년부터 지금까지, 만 18년 넘게 대학생 실무 프로젝트 기획, 매주 리더십 교육과 그룹 멘토링, 공채 기획과 조직 운영까지 가장 선봉에서 리더의 역할을 맡아왔다. 그러는 동안 수많은 사람을 모았고, 키웠고, 또 보내야 했다. 성장시키며 함께하리라 기대했던 사람들이 예고 없이 사라지고, 중요한 직책을 맡았던

이가 아무 연락도 없이 활동을 중단한 일도 셀 수 없었다. 함께 시작했던 동료가 마지막까지 함께하지 않는다는 사실을 어느 순간 익숙하게 받아들였다. 그리고 그 모든 과정에서 깨달은 게 있다면 조직이 오래 기억하는 사람은, 일 잘하는 사람보다 '함께할 수 있는 사람'이라는 것이었다.

나의 20대와 30대 대부분은 한대협과 함께였다. 그 시간 동안 한대협은 단지 일터가 아니라, 사람과 관계, 신뢰와 배신, 책임과 한계를 배운 훈련장이었다. 이곳에서 사람들의 진짜 동기와 마주하게 되었고, 그만큼 수많은 마음고생과 실망, 눈물을 경험했다. 직장, 사업, 육아와 한대협을 병행하며 경제적인 어려움, 유산, 수술 등 건강의 어려움까지 겹쳤던 시절도 있었다. 그러나 그 모든 시간을 지나오면서 나는 확신하게 되었다. 사람은 결국 내면의 성숙함만큼 버틴다는 사실을.

나는 지금까지 1만여 명이 넘는 대학생들을 만났다. 그들을 아끼고 사랑으로 가르치면서도, 사람에게 지나치게 연연하지 않는 법을 배웠다. 사업의 실패와 재기를 겪으며, 나는 사업적 판단을 할 때 올바른 방향을 잡는 기준을 갖게 되었다. 결정이 가진 가능성과 리스크를 빠르게 간파하는 직관력을 갖추었고, 이제는 각종 프로젝트나 마케팅 전략의 방향성을 진단하고 조언할 수 있는 안목도 얻게 되었다.

더불어 한대협도 단단해졌다. 20여 년을 인내한 끝에 지금 한대협에는 사업가, 대기업 팀장, 외국계 기업 차장 등 40~50여 명의 실무진들이 무보수로 헌신하고 있다. 짧게는 5년, 길게는 18년째 함께하는 이 동역자들은 흔들림 없이, 평생 함께하려는 마음으로 나와 나란히 걷고 있는 자랑스러운 사람들이다. 한대협이 졸속으로 쌓아올린 모래성이 아니기에, 한대협과 이 동역자들은 나의 가장 큰 자부심이자 감사의 열매다.

20여 년간 조직을 운영하며 내가 얻은 가장 큰 통찰이 있다면 조직은 결국 실력이 아닌 '태도'와 '신뢰'로 사람을 판단한다는 것이다. 불만이 있어도 말하는 방식이 정중하면 기회는 여전히 남는다. 일을 잘 못해도 피드백을 바르게 흡수하는 사람은 곧 따라잡는다. 반대로, 아무리 성과를 내도 태도가 어긋난 사람은 결국 배제된다.

나는 이 책을 통해 그런 이야기를 하려 한다. 성공의 비결, 관계의 기술, 회의 스킬을 알려 주는 책은 많다. 하지만 이 책은 조금 다르다.

"왜 나만 기회가 안 올까?"

"일은 하는데 왜 인정받지 못할까?"

"조직에서 자꾸 미움받는 이유는 뭘까?"

이 질문들에 '성숙한 태도'와 '신뢰받는 반응'이라는 기준으로, 함께 답을 찾아가고자 한다.

그리하여 이 책이 특히 이런 독자들에게 닿기를 바란다.

- 사회에 첫발을 내딛는 대학생과 사회 초년생
- 팀 프로젝트나 조직 생활에서 미묘한 거절과 소외를 자주 느끼는 사람
- 실력은 있는데, 늘 "뭔가 하나가 부족하다"라는 피드백을 받는 사람
- 팀을 이끌고 있지만, 사람 때문에 지치고 상처받는 리더들

조직은 화려한 발표보다 작은 '반응의 언어'를 기억한다. 능력은 입장권일 뿐이다. 초대장은 태도에게 주어진다. 이 책은 당신이 '미운 놈'이 아니라, '함께 일하고 싶은 사람'으로 살아남는 길을 보여 줄 것이다. 그리고 언젠가는 당신의 이름 앞에 "같이 일하고 싶다"라는 말과 함께 기회가 따라오게 해 줄 것이다.

Contents

1장 ──── 왜 나만 기회가 안 올까?

·**핵심 메시지** 질투와 시기심, 경쟁의식과 미성숙, 사회생활에서 관성적으로 갖게
되는 부정적인 사고를 성찰한다.

2장 ──── 말보다 반응의 언어가 중요하다

· **핵심 메시지** 조직은 '말 잘하는 사람'보다 '듣는 사람'을 더 오래 쓴다.
말보다 반응의 언어가 중요하다.

3장 ─── 조직에서 오래 가는 사람의 비결

· **핵심 메시지** 스펙보다 태도, 실력보다 신뢰. 사회는 '함께 일할 수 있는 사람'을
찾는다.

6장 ─── 무너지지 않고 끝까지 가는 사람

· **핵심 메시지** 감정과 피로를 다스릴 줄 아는 사람이 오래 간다. 마음을 지키는 것이
생존 전략이다.

부록

- 인성 면접에서 자주 나오는 질문 & 답변 가이드
- 신뢰받는 사람들의 말 습관
- 내가 나를 점검하는 셀프 체크리스트
- 나를 위한 자기 선언문
- 퇴근 후 더 성장하는 사람들의 시간 사용법
- 자기 주간 계획표 템플릿
- [실전 가이드] 피드백 받을 때, 이렇게 말해보세요

1장

왜 나만
기회가 안 올까?

'남에게 피해는 끼치지 말자.'라는
생각이 가진 위험성

'피해만 주지 말자.' 보다 '도움이 되자!'라는 생각의 전환

한국대학생인재협회는 대학생들의 실무 경험을 위해 영업 MD, 숏폼 마케팅, 인스타 마케팅, 인사 프로젝트 등을 운영 중이다. 프로젝트마다 대학생 5~7명 정도가 모여 한 팀을 이루어 팀 단위로 10~11주간 활동한다.

한대협에서 대학생들이 "팀 활동을 할 때, 적어도 남에게 피해는 끼치지 말아야지라는 생각으로 임했다."라고 이야기하는 것을 종종 들었다. 그리고 그들이 팀 활동을 하는 모습을 지켜보면 대부분 적극적이고 능동적이지 않았고, 자신에게 주어진 과제만 수행하는 스타일이 많았다. 그들을 보며 '과연 그 마인드가 바람직한 마인드일까?'라는 의문이 들었다. 왜냐하면 '이만큼 했으면 난 적어도 피해는 안 준 거야. 1인분의 몫은 한 거야.'라고 생각할 때, 그 '1인분의 몫'의 기준이 굉장히 상대적이고 주관적이기 때문이다. 오히려 나는 그들이 자신의 수동성을 합리화하고 있다는 인상을 받았다. 심지어 같은 팀에서 1.5인분, 2인분의 몫을 하는 동료를 보며 자극을 받는 것이 심적으로 불편해 '1인분 했으면 난 잘한 거야'라며 자기 위안을 하는 것도 같았다. 이런 마인드는 개인의 성장에도 전혀 도움이 안 되며, 팀 전체의 발전까지 방해한다. '내 몫만 하면 된다.'라는 생각은 팀의 사기를 떨어뜨리고, 개인플레이가 팽배해지게 만들어 시너지를 내지 못하기 때문이다.

팀은 단순히 개인들을 합쳐 놓은 집합체가 아니다. 팀이 존재하는 이유는, 상호 협력함으로써 시너지를 내어 개인 역량의 합보다 더 큰 성과를 내기 위함이다. 이것이 팀 플레이의 본질이다. 즉, 팀에서는 내 몫만 하는 것이 아니라 내 몫 이상을 해야 한다. 팀이 목표를 달성하는 데 스스로 기여해야 하는 것이다. 다시 말해, 팀이 승리하는 데 내가 도움이 되어야 한다는 말이다.

"남한테 피해는 끼치지 않겠다."라는 말은 언뜻 들으면 바람직한 말처럼 들리지만, 사실은 그렇지 않다. 사회는 그렇게 말하는 사람보다 '팀이 승리할 수 있도록 기여하겠다. 희생이 필요하다면 희생도 기꺼이 감수하겠다.'라고 말하는 사람을 원한다. 팀의 성공을 위해서는 각 구성원이 자신의 역량을 최대한 발휘하고, 필요할 때에는 더 많은 책임을 맡는 것이 중요하기 때문이다.

내가 만나 본 사람들 가운데 "적어도 나는 남에게 피해는 주지 않으면서 살아 왔다."라고 말하는 분들이 계셨는데, 그 발언에 대해 솔직히 반문이 일었다. 그들이 말하는 '남'에는 가족이 포함되지 않는 경우가 많았다. 그들이 사회생활은 잘했을지 몰라도, 자신의 가족에게 감정적으로, 금전적으로 그리고 시간적으로 피해를 준 적이 없었다고 자신할 수 있을까. 우리가 살면서 부모님, 배우자, 자녀에게 피해를 준 게 하나도 없다고 자신 있게 말할 수 있을까? 흔하게는 내 감정을 통제하지 못해서 가족들에게 짜증을 내거나 화풀이를 한 적도 있을 것이고, 누군가는 가족들의 희생을 당연하게 여기고 그들에게 희생을 강요했을 수도 있다. 솔직히 과연 이 땅에 "남에게 피해 주지 않으면서 살아왔다."라고 떳떳하게 말할 수 있는 사람이 존재할까 싶다.

우리는 불완전한 인간이기에 내가 원치 않음에도 불구하고 누군가에게 피해를 끼칠 때가 있다. 그걸 너무 두려워하고 조심스러워하면 단체 생활 자체가 살얼음판처럼 느껴진다. 활동에 임하는 자세가 소극적이고 수동적일 수밖에 없다. 만약 팀에 도움이 되고자 열심히 일하는 과정에서 나의 미숙함으로 인해 누군가에게 피해를 끼쳤다면 사과하고 보상할 수 있다면 보상해 주고 본인의 의도를 잘 설명하면 된다. 그리고 내가 도와줄 일이 있을 때 그를 적극적으로 도와주는 등 A/S를 잘하면 되는 것이다. 대부분의 구성원들이 돕고자 하는 마음, 선한 마음에서 비롯된 실수들은 너그러운 마음으로 포용해 준다.

따라서 이제 막 사회생활을 시작했다고 하더라도 '피해를 끼치지 말아야지.', '조심해야지.' 이런 생각보다 '어떻게든 도움이 돼야지.', '내가 희생해야지.'라는 생각으로 임하기를 제안한다. 요즘 세대는 한 치도 손해 보고 싶어 하지 않는다는 걸 알지만, 이러한 마인드가 곧 적극적이고 능동적인 자세, 주도적인 자세이며 이는 개인에게 큰 성장을 가져다준다. 또한 팀의 사기를 북돋아 팀에 집중하게 만들며 최고의 시너지를 내게 한다. 이는 또 개인의 커리어에 긍정적 영향을 끼쳐 선순환을 일으키는 것이다.

이 글을 갈무리하며 한 가지 당부하고 싶은 것은 이 글이 사회생활에서 팀 활동을 기준으로 쓴 글이라는 사실이다. 쓰레기 버리지 말기, 교통 신호 잘 지키기 등과 같이 기본적인 사회 질서를 준수하는 데서는 '남에게 피해를 끼치지 말아야지.'라는 생각은 유용하다. 하지만 때로 희생이 필요하고, 많은 책임을 감당해야 하는 팀 활동에서는 좀 더 적극적이고, 능동적인 마음가짐을 가져야 한다는 것을 강조하고자 한다. 우리 모두 '남에게 피해는 끼치지 말아야지.'라는 생각이 가지는 위험성을 경계하고, 팀플레이의 본질에 걸맞게 내 몫 이상을 해 내는 사람으로 성장했으면 좋겠다.

능력은 입장권,
신뢰는 초대권

실력은 시작을 열고, 신뢰는 길을 만든다

한국대학생인재협회에서 팀장 후보를 선정할 때 종종 듣게 되는 말이 있다.

"이 친구는 똑똑하기는 한데, 조직에 대한 오너십이 부족한 편입니다. 일은 잘하지만, 호불호가 강해서 팀원을 잘 아우를 수 있을지 모르겠어요."

"프로젝트에는 열정이 있는데, 조직 자체에는 큰 관심이 없어 보여요."

이런 말들은 하나의 사실을 조용히 말해 준다. 일을 잘하는 것만으로는 리더가 될 수 없다는 것이다.

어떤 사람은 발표도 잘하고 기획력도 뛰어나지만, 팀장으로 뽑히지 않는다. 반면 누군가는 조용하고 존재감이 크지 않아도,

기회를 부르는 1%의 법칙

많은 사람들의 지지를 받아 리더가 된다. 그 차이를 만드는 건 '신뢰'이다. 능력은 말하자면, 입장권과 같다. 어떤 자리에 도전할 수 있는 자격을 준다. 하지만 그 자리에 초대받기 위해서는 다른 것이 필요하다. 바로 '신뢰'라는 초대권이다. 신뢰받는 사람은 굳이 자신을 드러내지 않아도 함께하고 싶게 만든다. 그가 리더가 되면 왠지 안심이 되고, 팀이 흔들리지 않을 거라는 믿음이 생긴다.

실제 사례가 있다. 발표력도 뛰어나고 추진력도 강한 친구가 있었다. 아이디어도 많고, 사람들 앞에서 말도 잘했다. 팀원들과 대화를 주도하고 분위기를 띄우는 데 능했다. 대학생들 사이에서는 "다음 팀장은 아마 그 친구겠지?"라는 말이 자연스럽게 나올 정도였다. 그런데 막상 팀장이 된 건 다른 친구였다. 발표가 눈에 띄지도 않았고, 자기주장을 내세우기보다 조용히 움직이던 친구였다.

그 친구는 몇 기수 동안 특별히 눈에 띄는 언행 없이도 늘 자리를 지키고 있었다. 회의가 끝난 뒤, 자발적으로 회의록 정리를 하며 팀이 놓치는 업무가 없도록 꼼꼼히 챙겼다. 늘 마지막까지 자리를 지키며 팀을 챙겼고, 온라인으로 이어진 새벽 작업에서도 묵묵히 다른 팀원들의 일까지 도와주었다. 한번은 한 팀원이 개인적인 이유로 갑작스럽게 빠지게 되었는데, 그 누구보다 먼저 리더에게 다가와 "그 친구 일, 제가 나눠서 도와 볼게요."라고 말했다. 아무도 시키지 않았고, 티를 내지도 않았다. 프로젝트가 마무리된 후에도 그 공을 스스로 드러내는 일이 없었다.

그는 상위 리더의 말을 항상 경청했고, 결정에 이견이 있더라도 우선 수용하고 따르려는 태도를 보였다. 의견을 내더라도 말끝마다 "팀장님 생각은 어떠세요?"라고 물으며, 윗사람에 대한 존중을 자연스럽게 담아 냈다. 팀원에게도 따뜻한 말 한마디를 잊지 않았다. 힘들어 보이는 후배에겐 조용히 음료를 건네며, "괜찮아. 나도 초반엔 많이 헤맸어."라며 다독였다. 그런 순간들이 차곡차곡 쌓여 갔다.

팀장 선발을 위해 나와 국장들이 머리를 맞댔을 때, 가장 먼저 떠오른 이름도 그 친구였다. 그 친구는 걱정이 안 된다, 마음이 놓인다는 말들이 오갔다. 실력보다는 태도, 말보다는 행동으로, 진정성이 느껴지는 사람에게 가장 믿음이 가는 법이다.

이처럼 신뢰가 중요함에도 불구하고 많은 대학생들은 여전히 신뢰보다는 능력을 쌓는 데 몰두한다. 그도 그럴 것이, 사회는 성적과 스펙, 빠른 결과와 성과에 너무나 익숙해져 있다. 눈에 보이는 능력은 키우기 쉽고, 보여 주기에도 좋다. 반면, 신뢰는 한순간에 드러나지 않고 보여 줄 수도 없다.

신뢰는 쌓아야 한다. 작고 반복되는 일상을 성실히 지키는 가운데 서서히 자라나는 것이다. 그래서 경쟁 중심의 세상에서는 신뢰를 쌓을 시간조차 허락되지 않는 경우가 많다.

하지만 사회생활을 하다 보면 분명히 보인다. 결국 마지막까지 살아남는 사람은 신뢰받는 사람이다. 사회생활을 하다 보면 많은 기회들이 사람을 통해 온다. 사람을 통해 이직하고, 함께할 사람을 통해 사업 기회를 얻고, 좋은 사람을 소개받아 인생의 중요한 선택들을 하게 된다. 결국 기회는 '신뢰' 위에 찾아온다.

한대협에서 수많은 대학생들과 함께하며 확신하게 된 사실이 있다. 말 잘하는 사람은 많다. 하지만 자신이 한 말을 끝까지 지키는 사람은 드물다. 능력 있는 사람은 많다. 하지만 조직으로부터 신뢰받는 사람은 적다. 결국 이 사회에서 승자가 되는 건, 말만 잘하는 사람도, 일만 잘하는 사람도 아니다. 진심이 담긴 신뢰를 받는 사람, 바로 그 사람이 진짜 똑똑한 사람이고 최후의 승자가 될 사람이다.

입장권은 누구나 가질 수 있다. 스펙으로도, 발표 능력으로도 보여 줄 수 있다. 하지만 초대권은 마음에서 온다. 그 사람과 함께하고 싶은지, 중요한 일을 맡겨도 괜찮은지, 그 믿음은 하루아침에 만들어지지 않는다. 살아온 태도와 쌓인 신뢰, 그 사람이 걸어온 시간에서 온다.

지금 당신은 어떤 사람인가? 입장권을 가진 사람인가, 아니면 초대장을 받은 사람인가?

신뢰를 얻는 3요소:
꾸준함, 헌신, 정직함

나를 신뢰하는 이들과 함께 일하는 축복을 거머쥐자

한국대학생인재협회에서 20여 년 가까이 꾸준하게 일관성 있는 모습으로 헌신해 온 결과, 내가 얻은 것은 나를 신뢰하는 사람들이었다. 나를 신뢰하는 상사이자 멘토님, 동역자들, 제자들을 얻게 됐다. 이에 대해 자세히 풀어 보고자 한다.

나는 한대협에서 대학생들이 수치화된 실무 경험을 쌓을 수 있도록 실제 직무(영업, 마케팅, MD, 이벤트 기획 등)와 유사한 프로젝트들을 기획하고 그들이 일할 수 있는 장을 마련한다. 그리고 피드백도 한다. 또한 매주 강의를 통해 리더십, 인성 등 올바른 마인드를 가질 수 있도록 하고 있다. 핵심 리더들에 대해서는 매주 그룹 멘토링을 하며 더 깊이 있게 지도하고 있다. 아울러 한대협에서 활동할 대학생들을 모집하고 홍보, 마케팅하는 업무도 총

괄하고 있다. 이러한 활동을 20여 년 동안 갖가지 개인 사정을 극복하면서 쉬지 않고 했다. 경제적으로 어려웠을 때에도, 가정 상황이 안 좋을 때에도 그만두지 않고 한대협에서 항상 적극적으로 꾸준히 일했다. 개인 사업과 두 아이의 육아를 병행하며 활동해 왔다. 이러한 모습을 수많은 대학생, 실무진, 나의 멘토님이 지켜 보았다.

20여 년이 흐르니, 이제는 나와 함께하는 동역자들이 많이 늘어났다. 짧게는 5년 정도, 길게는 20년 가까이 함께하고 있다. 오래된 동역자들은 나의 '쭈구리' 시절을 다 기억한다. 내가 힘들어서 펑펑 울 때 같이 울어 주기도 하고, 자기 일처럼 속상해하기도 했다. 내가 사업을 할 때에는 많은 동역자들이 자기 일처럼 도와주었다. 이들의 도움과 기도가 내게 큰 힘이 되어 주었다. 나 역시 그들이 대학생일 때부터 함께해 오며 그들이 취업을 위해서 치열하게 준비한 과정과 여러 가지 이유들로 마음 고생했던 시간들을 보아 왔다. 이렇게 함께 산전수전을 겪어나가며 20여 년을 함께 울고 웃는 동안 정말 두터운 신뢰가 생겨났다.

내가 신뢰의 힘을 확실하게 느낀 적이 있었다. 약 8~9년 전, 은행에서 대출을 받아 집을 마련했는데 대출금(중도금+잔금)이 잔금을 치르는 날 나오게 되었다. 그래서 중도금을 낼 때는 은행의 도움을 받을 수 없었다. 중도금 날짜와 대출금이 나오는 날짜가 약 2~3주 정도 차이가 났는데, 그 기간 동안 융통할 자금이 필요했다. 그때 내 동역자들이 중도금의 절반을 빌려주었다. 너 나 할 것 없이 모두 자기 형편대로 도움을 주었던 것이다. 30분도 안 돼서 필요한 금액이 모두 해결되었다. 어찌해야 할지 몰라 발을 동동 굴러야 하는 상황일 수 있는데 너무도 수월하게 상황이 해결됐다. '신뢰는 많은 비용을 절감한다.'라는 사실을 체감한 경험이었다.

'신뢰'는 절대 단기간에 형성되지 않는다. 오랜 시간이 필요하다. 하지만 그저 '오래' 알았다고 해서 신뢰가 저절로 생기는 것도 아니다. 오랜 기간 동안 일관성 있게 헌신하는 모습이 필수적이다. 그리고 그 헌신이 '현재 진행 중'이어야 한다. 쉽게 말해, 과거에 헌신했던 것은 과거일 뿐, 현재의 신뢰로 연결되지 않는다. 현재도 진행 중이어야 한다. 그리고 평상시에도 정직해야 한다. 돈 거래 또한 투명하고 정확하게 해야 한다. 사리사욕을 버리고 희생하고 헌신하는 모습이 있어야 한다. 헌신이라는 단어가 조금 무겁게 느껴진다면 상대방에 대한 배려심, 따뜻함으로 바꿔서 생각해 봐도 좋겠다.

나는 상호 간에 신뢰하는 동역자들이 있다는 것 자체에 큰 감사함을 느낀다. 이들과 함께 일하는 것이 내게는 큰 축복이다. 동역자들은 나의 자랑이고, 나의 사랑의 열매이다. 보통 회사에서 근로 계약서를 쓰는 이유가 무엇인가? 신뢰가 충분하지 않아 계약서로 묶어 두는 것 아닐까. 계약으로 맺어진 팀이 발휘하는 팀워크와, 계약이 아닌 신뢰로 맺어진 팀이 발휘하는 팀워크와 사랑, 상호 작용은 차원이 다르다. 신뢰하는 이들과 주고받는 긍정적 상호 작용은 상상을 뛰어넘는 행복감을 준다. 이 기쁨과 행복을 모두 맛보았으면 좋겠다.

결론적으로, 주변 사람들에게 신뢰를 얻는다는 것은 내가 어떻게 하느냐에 달려 있다. 지금 주변에 나를 신뢰하는 사람들이 있는지 생각해 보자. 주변 사람이 나를 다른 이들에게 소개할 때 "내가 이 사람이라면 보장해!"라고 말해 줄지 생각해 보자. 인간관계는 꾸준함으로 이뤄진다. 오랜 기간 따뜻한 모습으로 진실되게 살아가다 보면 어느새 나를 신뢰하는 이들이 주변에 가득할 것이다.

사람들은 나를
생각보다 금방 읽는다

단점은 의외로 빨리 드러난다. 오래 본 사람만 아는 게 아니다

한국대학생인재협회 활동을 하다 보면 학생들이 종종 비슷한 이야기를 꺼낸다.

"부모님이나 선생님처럼 저를 오래 본 분들만 제 단점을 알 수 있을 줄 알았는데, 멘토님도 금방 알아보셨어요."

이번 기수에도 그런 경험을 한 학생이 있다. 어릴 때부터 가족과 선생님에게 "자기 주장이 강하다.", "표정이 차갑다."라는 지적을 들었지만 대수롭지 않게 넘겨 왔던 사람이었다. 그런데 한대협 활동 중 잠깐 동안 함께한 멘토들로부터 똑같은 조언을 듣고 나서야, 자신의 문제를 더 이상 가볍게 볼 수 없음을 실감했다고 한다.

사람들은 흔히 "나를 오래 본 사람만 내 본모습을 알 수 있다."

고 생각한다. 하지만 실제로는 그렇지 않다. 사람은 자신이 의식하지 못하는 사이에 끊임없이 자신을 표현한다. 말투, 표정, 리액션, 작은 행동 습관 같은 것들은 숨기려 해도 무심코 드러난다. 긴장이 풀릴 때, 피곤할 때, 예상치 못한 상황을 맞닥뜨릴 때, 본능적이고 습관적인 태도는 무의식 중에 겉으로 튀어나온다. 그래서 오래 지켜보지 않아도, 조금만 신경을 기울이면 사람의 기본적인 성향과 단점은 금세 드러나게 되어 있다.

예를 들어, 말을 할 때 눈을 자주 피하는 습관은 자신감이 부족해 보이고, 작은 지적에도 금세 얼굴빛이 어두워지는 반응에서는 방어 본능을 읽을 수 있다. 무심코 짓는 무성의한 표정은 주어진 일이나 사람에 대한 관심 부족을 암시하고, 불편한 상황에 처했을 때 나오는 무심하거나 공격적인 말투는 위기 상황에서의 감정 조절 능력을 보여 준다. 타인의 말을 들을 때 딴청을 부리는 모습은 집중력과 존중의 부족을 드러낸다. 이런 모습들은 일부러 분석하려 하지 않아도, 함께 일하거나 대화하다 보면 자연스럽게 느껴진다.

이처럼 단점은 감춘다고 사라지지 않는다. 오히려 예상하지 못한 순간, 작은 행동 하나에서도 선명하게 드러나기 마련이다. 그리고 그 단점은 생각보다 많은 사람들의 눈에 포착된다. 짧은 만남이라도 태도와 분위기는 금방 읽힌다. 결국 우리가 감추고 싶어 하는 부분까지 포함해서, 우리의 모습은 타인에게 그대로 전달되고 있는 셈이다.

강의 시간에 유독 표정이 차갑고 웃지 않는 학생이 있었다. 리액션이 거의 없고 무표정한 얼굴은 강의를 듣는 태도 자체가 부정적이라고 여겨질 수밖에 없었다. 이후 그 학생과 일대일 멘토링을 할 기회가 있었을 때, 조심스럽게 이야기를 꺼냈다.

"아무래도 표정이 차갑고 리액션이 부족하다 보니, 리더 입장에서는 네가 적극성이 부족하다고 느껴질 수 있어. 그리고 팀에 무관심하다고 오해할 수도 있고. 괜히 표정 때문에 네가 손해보는 일은 없었으면 좋겠어."

다행히도 그 학생은 방어적이 되기보다 마음을 열어 주었다. 평소에도 자신의 표정 때문에 오해 받은 경험이 많았다며, 이번 기회에 꼭 고쳐 보고 싶다고 덧붙였다.

이처럼 우리가 자각하지 못한 작은 습관과 태도는 예상보다 더 많은 사람들에게 읽힌다. 그리고 그 인식은 곧 관계와 기회, 평가에 영향을 준다. 그렇기 때문에 방어하거나 억울해 할 시간이 없다. 문제를 부인하고 피하려고 할수록 고칠 기회는 멀어진다. 단점을 인정하고, 차근차근 고쳐 나갈 때 비로소 진짜 변화가 시작된다. 타인의 피드백을 진지하게 받아들이고, 그 안에서 성장의 기회를 발견할 수 있어야 한다.

가족이든 멘토든, 짧은 만남이든 긴 만남이든, 결국 내 안의 진짜 모습은 드러나게 되어 있다. 숨긴다고 숨겨지는 것도 아니고,

무시한다고 사라지는 것도 아니다. 그렇다면 차라리 스스로 직면하고 다듬어 가는 편이 낫다. 나를 오래 본 사람만이 아니라, 생각보다 많은 사람들이 내 문제점을 알고 있다는 사실을 받아들여야한다. 그래서 오늘, 이렇게 스스로에게 질문해 보자.

"내가 의식하지 못한 사이, 미숙하게 행동하고 말한 부분이 있었을까?"

그리고 한 걸음 더 나아가자.

"내일은 오늘보다 분명히 나아진 내가 되자."

성장은 이런 결단에서 시작된다. 남들이 알아채기 전에, 나부터 나를 알아보자. 그리고 나를 진심으로 아끼는 사람들이 내 문제를 짚어 줄 때 회피하거나 방어하지 말고, 진지하게 받아들이자. 그렇게 매 순간 자신을 다듬을 때, 인생은 단단하고, 아름답게 성장해 갈 것이다.

자기 객관화를 합시다!
자기 비난, 자기 제한 말고

자기 비난, 자기 제한을 멈추는 세 가지 제안

우리는 태어나면서부터 성장을 추구한다. 성장의 시작점은 바로 자기 객관화다. 인성, 실력, 관계 측면에서 자신의 부족함을 인식하고 이를 개선하려 하거나, 어떤 상황에서 마음과 감정이 흔들리는지 그 이유를 파악해 해결하려는 노력이 곧 자기 객관화다. 이 과정은 내가 지금 이 일을 잘 해내지 못하고 있다는 인식에서 출발한다.

자기 객관화를 통해 현재 상태를 점검하고, 반복적으로 되짚으며 개선하려는 훈련은 우리를 성장으로 이끄는 중요한 기제다. 그러나 많은 사람들은 "못한다"는 사실에만 머물며 좌절한다. '나는 절대 이 일을 잘할 수 없어.'라는 생각은 가능성을 스스로 차단하는 자기 제한으로 이어진다. 그렇게 한계를 정해 버리는 순간, 발전의 문은 닫히고 만다. 이는 자기 객관화가 아니라 자기 비난이다.

자기 객관화는 '있는 그대로' 자신을 바라보는 것이다. 예를 들어 "나는 글을 잘 못 써."라는 말은 객관화일 수 있다. 하지만 "그래서 나는 글쓰기를 절대 잘할 수 없어."는 자기 제한이다. 이런 제한에서 벗어나기 위해서는 객관화 이후, 스스로에게 더 나은 질문을 던져야 한다. "글을 잘 쓰려면 무엇을 배워야 할까?", "누구에게 도움을 요청할 수 있을까?", "내가 글을 쓰려 할 때 가장 막히는 부분은 어디일까?" 이런 질문은 문제 해결의 실마리를 찾게 해 주며, 스스로 만든 틀을 깨는 출발점이 된다. 결국 자기 객관화의 핵심은 지금 이 상태에서 앞으로 나아가기 위해 내가 무엇을 할 수 있을지를 고민하는 데 있다.

그렇다고 문제를 인식하는 데에서 멈추면 자기 객관화는 무의미하다. 주변을 돌아보면 문제를 인식하고도 개선의 여지를 스스로 닫아 버리는 말을 종종 듣게 된다. "이번 생은 틀렸어." 같은 말은 유머처럼 들릴 수 있지만, 이 말을 진지하게 받아들인다면 성장을 가로막는 장애물이 된다. "사람 고쳐 쓰는 거 아니야.", "난 이대로 살다가 끝날 거야.", "사람은 안 변해.", "이게 내 한계야." 이런 말들은 현실에 안주하거나, 문제를 회피하려는 자기 합리화일 뿐이다. 그리고 그것은 우리를 성장의 가능성에서 멀어지게 한다.

자기 객관화는 현재 상태를 있는 그대로 바라보되, 그것을 극복할 수 있는 가능성을 여는 과정이어야 한다. 스스로를 가두는 틀을 깨기 위해, 다음과 같은 세 가지 건강한 사고방식을 제안한다.

1. 지금은 부족하지만, 반복하고 훈련하면 나아질 수 있다. 부족함은 영구적인 것이 아니다. 연습과 노력을 통해 충분히 발전할 수 있다는 믿음을 갖자.

2. 하루하루 큰 변화는 없어도 10년 뒤에는 달라져 있을 거야. 눈에 띄는 변화가 없어도 조급해하지 말자. 장기적인 관점에서 보면, 현재의 작은 걸음들이 쌓여 커다란 변화를 만들어 낸다.

3. 이렇게 주저앉기엔 내가 너무 아까워. 자신의 가능성과 잠재력을 인정하자. 우리는 다시 일어설 이유가 충분한, 가치 있는 존재다.

한편, 자기 객관화를 건강하게 이어 가기 위해서는 환경의 힘을 활용해야 한다. 문제를 해결하려면 어떤 환경에 자신을 두어야 할지, 이 상황에서 도움을 받을 수 있는 사람은 누구일지 생각해 보자. 멘토처럼 조언을 구할 수 있는 사람이 있다면, 지금 내 사고가 건강한 자기 객관화인지 확인해 보는 것도 좋다.

나 역시 취업 준비를 하던 시절, 몇 차례 최종 면접에서 탈락한 경험이 있다. 그 이유에 대해 처음에는 '답변이 부족했나?', '실력이 부족했나?' 정도만 생각했다. 그런데 그 과정을 지켜보던 멘토 님이 이렇게 말씀해 주셨다.

"너는 학점도 좋고, 첫인상도 똑부러지는데 오히려 그게 독이 될 수 있어. 윗사람들 눈에는 자기주장이 강하고, 조직에 융화되기 어렵게 보일 수 있거든. 그러니 질문마다 정답처럼 말하려고 하기보다는 때로는 약간 어눌한 듯한 인상을 주는 게 필요해."

그 조언은 나의 이미지를 객관적으로 다시 바라보게 해 준 귀한 기회였다. 처음에는 당황스러웠지만 나는 그 조언을 수용했고, 이후 면접에서는 '정답을 말하기보다는 여지를 두며 소통하는' 태도를 취했다. 그리고 정말로, 그 면접에서 최종 합격했다.

이처럼 멘토의 조언은 나를 있는 그대로 바라보게 하면서도, 더 나은 방향으로 나아가게 해 주는 등불과 같다. 환경과 사람은 우리의 사고방식을 바꾸고, 행동을 긍정적인 방향으로 이끄는 데 큰 영향을 미친다. 도전과 성장에 긍정적인 태도를 가진 사람들과 함께하며, 그런 분위기 안에 자신을 두는 것이 무엇보다 중요하다.

자기 객관화는 자기 비난이나 자기 제한으로 변질되어서는 안 된다. 그것은 '있는 그대로의 나'를 직면하고, '더 나은 나'를 향해 걸어가는 과정이다. 부족함을 인정하되, 그 안에 숨어 있는 가능성을 발견하자. '나는 지금 이 상태에서 무엇을 더 할 수 있을까?' 이 질문을 스스로에게 계속 던지자. 그렇게 나를 가두는 틀을 깨고 나아갈 때, 더 큰 자유와 성장을 경험하게 될 것이다.

'열심히 한다고 달라지겠어?'라는
생각 반박하기

'최소한, 나는 달라지지!'라고 스스로에게 답하자!

지난 토요일에는 한국대학생인재협회에서 '일류 마인드'에 대해 강의했다. 강의 초반에 일류 마인드와 삼류 마인드를 비교해서 설명했는데, 삼류 마인드의 대표적인 예로 '내가 열심히 한다고 뭐가 달라지겠어?'라는 생각을 들 수 있다. 이 생각은 나의 소극적인 태도를 합리화하는 것이며, 결과가 없으면 노력할 필요가 없다는 부정적인 태도를 보여 주는 것이라고 설명했다.

'열심히 한다고 뭐가 달라지겠어?'

이 생각은 어떤 결과가 나와야만 열심히 하는 게 의미가 있다는 생각을 저변에 깔고 있는 결과 지향적 사고다. 이런 사고방식은 자기 자신에게 전혀 도움이 되지 않는다. 오히려 자신의 성장과 발전을 가로막는다. 왜냐하면 살아가다 보면 단기간 노력해서 결과가 나오지 않는 역량들이 훨씬 많고, 대개 그 역량들이 삶을 살아가는 데 핵심적인 역량이기 때문이다.

성품, 소통 능력, 대인 관계 능력, 리더십, 문제 해결 능력 등과 같은 굵직하고 큼지막한 역량들을 생각해 보라. 이것들은 단기간의 노력으로 성취할 수 없는 것들이다. 이런 역량을 쌓으려면 수많은 사람들을 겪어 보며, 갖가지 문제 상황을 끊임없이 마주하면서 수없이 자기 성찰을 해 봐야 한다. 수년 또는 십 년이 넘는 지난한 시간을 통과해야만 다듬어지는 역량들이다.

이처럼 삶의 본질과 맞닿아 있는 역량들은 오랜 시간을 견뎌야만 성취할 수 있다. 결국, '내가 열심히 한다고 뭐가 달라지겠어?'라는 생각은 이러한 역량을 쌓을 수 없게 만든다. 오랜 세월을 훈련해야 하는 역량들을 다 제 것으로 만들지 못하게 되며, 나이에 걸맞은 성숙함 또는 전문성을 갖추지 못하게 된다.

'내가 열심히 한다고 뭐가 달라지겠어?'

이 생각은 '눈에 보이는 성과가 있어야만 노력하는 게 의미가 있다.'는 생각일 수도 있을 것이다. 이것 역시 잘못된 생각이다. 눈에 보이는 성과보다 눈에 보이지 않는 성장이 더 큰 가치를 지닐 때가 많기 때문이다. 특히 젊은 세대의 경우 더 그렇다. 이른 나이일수록 성패 여부보다는 '그 경험을 통해서 어떤 성장이 있었는가'를 깨닫는 것이 훨씬 유익하다. 성공이든 실패든 그 경험을 통해 얻은 인사이트는 평생의 자산이 되기 때문에, 어릴 때 깨달을수록 시간과 에너지 낭비를 줄일 수 있다.

10대 아이들이 겪는 성적 고민도 마찬가지다. 이때는 성적에 대한 목표를 세우고 노력하되 목표를 달성하면 성공, 못하면 실패로 귀결 짓지 않아야 한다. 노력한 시간들을 부정하고 목표를 달성 못해서 실패했다고 스스로를 낙인찍지 말아야 한다. 실패했더라도 노력한 그 시간만큼 성장한 것이기 때문이다.

'아, 여기는 공부해도 시험에 안 나오는구나.', '친구들이랑 공부하는 건 나한테 안 맞네.' 등의 통찰도 노력을 했기 때문에 얻게 된 것 아니겠는가. 결과에 일희일비하지 말고 과정에 초점을 맞춰 생각해야 한다.

시험을 대비할 때 내가 어떤 전략을 썼는지, 얼마만큼의 시간을 투자했는지, 1시간 동안의 내 학습량은 어느 정도인지 등도 확인해 보고, 성적이 우수한 아이들은 어떻게 공부하는지 물어보며 그들을 따라하거나 그들보다 열심히 하는 등의 노력을 해 보자. 노력의 과정을 집중 분석해 보자. 객관적으로 자기 자신을 분석해 보고 표본으로 삼을 수 있는 사람에게 적극적으로 물어보고 배우며, 유의미한 인사이트(insight)를 찾는 훈련이 중요하다.

'내가 열심히 한다고 뭐가 달라지겠어?'라고 생각하는 사람이 있다면 이렇게 답해주고 싶다.

"최소한, 나는 달라지지!"

열심히 노력하면 최소한 나 자신은 달라진다. 나 자신은 성장하고 발전한다. 이런 마인드로 노력하는 사람은 성숙하고 멋진 사람이 될 수밖에 없다. 노력의 의미와 가치를 마음속에 깊이 되새기자. 그래서 우리 모두 앞서 언급한 삶의 본질적인 역량들을 나이에 걸맞게 갖추었으면 한다. 또한 결과의 노예가 되지 말고, 노력하는 과정에 최선을 다하고, 각자의 자리에서 최고의 인사이트가 축적된 전문가가 되기를 바란다.

은근히 공짜를 바라는
마음 때문에 망한다

철저하게 뿌린 대로 거둔다는 생각을 해야 한다

일을 잘하기 위해서는 일을 많이 해 보는 수밖에 없다. 특히 내 수준보다 살짝 더 높은 수준의 일에 도전할 수 있는 환경으로 나를 밀어 넣어 봐야 한다.

같은 맥락에서 인간관계를 잘하기 위해서는 다양한 사람들, 그중 까다로운 사람들을 겪어 보는 것이 좋다. 시간 관리를 잘하려면 가용 시간 대비 해내야 하는 일이 많은 생활을 해봐야, 그 능력이 개발된다.

리더십 역시 마찬가지이다. 리더십이 출중한 사람이 되고 싶다면, 리더를 자꾸 해 보는 수밖에 없다. 이러한 경험치와 함께 책, 강의, 전문가의 코칭 등 다양한 학습을 병행하고, 셀프 리뷰를 꾸준히 반복한다면 결국 뭐든 잘 해내는 사람이 된다. 그 시간이 치열하고 길수록, 내실 있고 흔들림 없는 사람이 되는 것은 당연하다.

그런데 많은 사람들이 이처럼 당연한 이치를 인정하고 싶어 하지 않는 것 같다. 수학을 잘하려면 수학 문제를 많이 풀어 보아야 하는데, 왜 자꾸 방법을 물어볼까?

"일을 잘할 수 있는 방법은 무엇인가요?"

"사회생활을 잘하려면 어떻게 해야 하나요?"

"취업은 어떻게 하면 되나요?"

이런 질문을 받을 때마다 질문자들 중 일부는 정말 방법을 묻는 게 아니라, 요령을 찾고 있는 것 같다는 인상을 지울 수 없다. 쉽고 빠른 길이 뭔지 묻고 있는 것이다. 그들의 질문 속에서 은근히 공짜를 바라는 마음이 느껴질 때도 있다. 열매는 맺고 싶은데 씨앗을 뿌리거나 밭을 일구는 과정은 건너뛰고 싶은 마음…. 이런 생각이 결국 그 사람을 망하게 한다.

단언컨대 쉽고 빠르게 성공하면 무너지는 것도 한순간이다. 왜일까? 쉽게 얻은 성공은 그 사람의 내면과 실력이 성공을 감당할 준비가 안 된 상태에서 찾아오기 때문이다. 겉으로는 성공했지만, 그 자리를 지탱할 체력도, 사고력도, 인간관계의 유연함도 부족하다. 결국 위기가 오면 그 성공은 버티지 못하고 무너진다.

예컨대 갑자기 유명세를 탄 사람이 대중의 기대를 감당하지 못하고 사생활 논란이나 말실수 하나로 나락으로 떨어지는 경우가 있다. 스타트업이 운 좋게 투자 유치에 성공했지만, 정작 대표의 리더십 부재, 팀 갈등, 수익 구조의 문제 등으로 얼마 못 가 무너지는 일도 허다하다. 반짝 성공은 내공이 없는 상태에서는 오히려 독이 될 뿐이다. 성공보다 더 중요한 것은, 그 성공을 유지하고 확장할 수 있는 실력과 내면의 힘이다. 이것은 오직 시간과 훈련을 통해서만 얻을 수 있으며, 그 시간을 통과한 사람만이 진짜 '성공한 사람'이라 불릴 수 있다.

이러한 맥락에서 '취업'이라는 현실을 생각해 보자. 예를 들어, 실제 업무 역량과 태도는 부족한데, 전문가의 집중 코칭을 통해 자기소개서와 면접만 잘 준비해서 덜컥 합격해 버린 사람이 있다고 하자. 그는 빠르게 취업에는 성공했을지 모르지만, 결국 그 조직 안에서 오래 버티지 못하고 도태될 가능성이 크다. 실력과 인성이 뒷받침되지 않는 상태에서 억지로 들어간 자리는 오래 갈 수 없기 때문이다. 빠르게 퇴사하거나, 퇴사할 용기도 없어 그저 버티기 식으로 일하면서 시간만 허송세월할 수도 있다. 그렇게 몇 년이 지나고 나면, 어느새 나이도 애매해지고 이직도 어려워진다. 결국 '빠른 취업'이 그에게는 축복이 아니라 독이 된 셈이다.

늦더라도 준비된 실력과 성숙한 자세를 갖춘 뒤 취업하는 것이 장기적으로 보면 훨씬 이득이다. 그래서 나는 대학생들에게 항상 강조한다. 중요한 건 빠른 성공이 아니라, 오래 버틸 수 있는 내실이다. 자신을 그럴 듯하게 포장해서 억지로 취업의 문을 열려고 하지 말고, 진짜 회사에 기여할 수 있는 능력, 함께 일하고 싶은 사람이라는 인성을 갖추는 데 집중해야 한다. 그 본질이 준비된 다음에야 비로소 자기소개서와 면접 기술도 힘을 발휘한다.

'아기 돼지 삼 형제' 이야기가 주는 교훈을 기억하자. 쉽고 빠르게 지은 집은 위기가 찾아오면 금방 무너지는 법이다. 형 돼지들이 당장은 성공한 것처럼 보여도, 부러워하지 말고 비교하지 말자. 앞으로 내가 평생 살 집을 짓는 것이니 기초부터 튼튼하고 우직하게 준비하자. 요행을 바라는 마음은 조금이라도 갖지 말자. 인생에서 거저 되는 것은 하나도 없으며, 철저하게 내가 뿌린 대로 거둔다는 생각을 확고히 해야 한다.

질투와 시기심을
극복하는 방법

질투와 시기 퇴장, 자신감 입장

우리는 부정적인 생각을 '어둠'에, 긍정적인 생각을 '빛'에 비유하곤 한다. 그런데 어둠을 밝히려면 어둠을 없애려 애쓰는 것보다 등불 하나를 켜는 게 훨씬 효과적이다. 마찬가지로 자신을 좀먹는 나쁜 생각을 하지 말자고 다짐하는 것보다 건강한 생각으로 마음을 채우는 편이 훨씬 현실적이고 지속 가능하다. 좋은 생각이 많아지면 나쁜 생각은 자연스럽게 설 자리를 잃게 된다.

이 원리는 여러 상황에 적용할 수 있지만, 이 글에서는 '질투'와 '시기심'을 어떻게 다뤄야 할지에 대해서 적용해 보려고 한다. 혹시 당신은 누군가를 질투하거나 시기하는 마음 때문에 괴로움을 겪은 적이 있는가? 그렇다면 '질투하지 말아야지.', '시기하지 말아야지.'라고 애써 마음을 다잡기보다, 그 감정을 성장의 에너지로 전환하는 것은 어떨까? 그 방법을 제안하고자 한다.

1. 자신이 가진 것들에 감사하자.

가장 먼저, 현재 내가 가진 것들에 대해 감사하는 시간을 가져 보자. 나에게 주어진 시간, 건강, 능력, 가능성 그리고 나를 응원해 주는 사람들까지, 우리는 종종 가진 것보다 가지지 못한 것에 더 집중하기 때문에 불필요한 비교와 시기심에 쉽게 휘말린다. 감사는 비교에서 나를 자유롭게 하는 힘이 있다.

2. 나만의 건강한 가치 기준을 세운다.

내 인생에서 정말로 중요하게 여기는 가치는 무엇인가? 나는 무엇을 이루고 싶은가? 이런 질문에 스스로 답해 보며 성장 지향적이고, 동시에 스스로 통제할 수 있는 가치를 세우는 것이 중요하다.

예를 들어, '나는 매일 성실하게 노력하는 사람이고 싶다.', '나는 계속해서 배우고 성장하고 싶다.', '나는 나와 다른 사람을 존중하는 태도를 지키겠다.', 이러한 가치는 외부 상황과 관계없이, 나의 선택과 의지로 실천할 수 있는 것들이다. 결과에 좌우되지 않고 꾸준히 붙들 수 있는 기준이기 때문에 삶에 안정감과 방향성을 제공한다.

반면, '누구보다 잘 돼야 해.', '나는 반드시 우수 활동상을 받아야 해.', '저 사람보다 더 인정받아야 해.', 이런 목표는 내가 아닌 타인의 평가나 비교 우위에 기반해 있기 때문에, 내 힘으로 완전히 통제할 수 없다. 이런 기준은 끊임없는 불안과 시기심을 자극하고, 결국 자신을 잃고 감정에 휘둘리는 삶으로 이어진다.

그래서 나는 대학생들을 코칭할 때 이렇게 조언하곤 한다. '1등을 하겠다.'거나 '상장을 꼭 받겠다.'는 목표보다 '고객 50명을 직접 만나 보겠다.', 'B2B 영업을 위해 매장 방문을 20회 시도하겠다.'와 같이 구체적이고 실행 가능한 목표를 세우라고 말이다. 이런 목표는 스스로의 성장을 추동하면서도, 결과에 대한 불안함을 줄여 준다. 무엇보다, 나를 남과 비교하지 않고 내 안에서 기준을 세우는 법을 익히게 해 준다.

3. 작은 성취를 반복하며 자신감을 키운다.

성장이라는 큰 그림은 작은 성취의 반복으로 완성된다. 그래서 중요한 것은, 오늘 내가 해낼 수 있는 일을 구체적으로 계획하고 성실히 실행하는 것이다. 거창한 계획보다 당장의 현실에서 실현 가능한 목표가 훨씬 더 효과적이다.

예를 들어, 어제 나는 '강의 자료 만들기', '브런치 글쓰기', '성과 보고서 작성'이라는 세 가지 목표를 세웠고, 모두 달성했다. 그 결과 하루가 끝났을 때, "오늘도 해냈다."는 감정이 남았다. 이런 소소한 성취들이 쌓이면 자기 효능감이 점점 강해지고, 내면의 자신감도 함께 자라난다.

이때 중요한 것은 나태해지지 않고, 부지런하게 살아갈 수 있는 생활 루틴을 만드는 것이다. 하루 7시간의 수면, 하루 1~2시간의 휴식, 주 3회 이상의 운동을 기본으로 확보하고, 나머지 시간도 가능하면 생산적인 활동으로 채워 보자. 절대적인 시간 투입 없이 성장은 일어나지 않는다. 바쁘게 사는 것이 목적이 아니라, 자신이 성장하고 있다는 감각을 유지하는 것이 핵심이다. 그런 감각이야말로 자신감을 가장 건강하게 키우는 기반이 된다.

4. 지속적인 자기 점검을 습관화하자.

자신이 추구하는 가치와 비전대로 살고 있는지 정기적으로 점검하자. 혹시 주객이 전도된 모습은 없는가? 어느 순간부터 나의 중심을 잃고, 타인의 기준에 휘둘리고 있진 않은가? 타인을 보며 우월감을 느끼거나 열등감을 느낀다면 그것은 잘못된 가치관의 신호일 수 있다. 그렇다면 삶의 중심을 다시 '나의 가치'로 되돌려야 한다.

매일 아침 혹은 하루를 마무리하는 시간에 다음과 같은 질문으로 스스로를 점검해 보자. 생각과 마음의 방향을 매일 확인하고 교정하는 습관은 내면의 질서를 지키는 데 큰 도움이 된다.

📁 지속적인 자기 점검을 위한 체크리스트

☑ 아래 항목 중 오늘의 나를 돌아보며 '예 / 아니오'로 답해 보세요.

1   오늘 하루, 내 선택과 행동이 내가 중요하게 여기는 가치에 기반하고 있었는가?

2   누군가를 부러워하거나 비교하는 순간이 있었다면, 그 감정이 나의 중심을 흔들지는 않았는가?

3   타인의 인정이나 시선을 의식하느라 내가 세운 기준을 놓친 적은 없는가?

4   오늘 하루, 나의 작은 성장을 확인할 수 있는 순간이 있었는가?

5   내가 감사할 수 있는 요소(사람, 기회, 건강 등)를 한 가지 이상 떠올릴 수 있는가?

6   오늘 나의 감정 상태는 어제보다 더 안정적이고 평온한가?

7   내 삶을 장기적으로 이끄는 가치와 단기적으로 끌리는 욕심을 구분할 수 있었는가?

Tip

'예'가 많을수록 자신만의 중심을 잘 지키고 있다는 뜻이다. 설혹 '아니오'가 많더라도 너무 자책하지 말고, 내일은 한 항목이라도 '예'로 바꿔보는 데 집중해 보자.

다이어트를 할 때 매일 체중계를 확인하듯, 생각 다이어트도 꾸준한 점검이 필요하다. 질투와 시기심은 쉽게 마음속에 들어와 자리를 차지하지만, 긍정적이고 건강한 생각은 의식적인 훈련 없이는 자리를 잡기 어렵다. 매일 의도적으로 마음을 돌아보고, 생각의 방향을 교정해야 한다.

오늘부터 이렇게 말해 보자.

"질투, 시기 아웃(out)! 자신감 인(in)!"

비교가 아닌 성장에 집중하는 삶, 타인을 이기기보다 어제의 나를 이겨 나가는 삶, 그 안에서 우리는 더 건강하고 자유로운 사람으로 성장할 수 있다.

경험(일)만 많이 하는 것보다
미성숙을 해결해야 한다

자신의 미성숙을 깊이 탐구하는 것이 진짜 자기 계발이다

한국대학생인재협회에서 대학생들과 오랫동안 지내며 느낀 것은 많은 대학생들이 미래에 대한 불안감이 크다는 사실이다. 학생들은 그 불안감을 떨치기 위해 '뭐라도 하자'라는 생각에 경험을 수집한다. 일을 막 벌인다는 것이다. 그래서 각종 대외 활동, 동아리, 학생회, 아르바이트, 인턴, 여행, 자격증, 복수 전공 등 경험의 가짓수를 늘리지만, 정작 진정한 자기 계발은 하지 않는다. 쉽게 말해, 여러 경험을 하면서 발견되는 본인의 문제가 분명히 있는데, 그 문제를 해결하지 않고 그저 경험의 가짓수가 늘었다는 것에 만족해 버린다는 것이다.

어느 단체든지 적극적이고 성실하게 활동하다 보면 리더의 기회가 주어지기도 하고, 중요한 업무를 맡게 될 수 있다. 그러다

기회를 부르는 1%의 법칙

보면, 선배, 동료, 후배들로부터 여러 피드백을 받는다. 그중에는 당연히 부정적인 내용도 있다. 예를 들면, 소통이 잘 안 된다, 말투가 공격적이다, 일을 못 한다, 약속을 잘 지키지 않는다, 회의가 비생산적이다, 지각을 자주 한다, 너무 잘 삐친다, 연락이 잘 안 된다, 체력이 약하다, 감정 기복이 심하다, 혼자 일을 다 하려고 한다, 멘탈이 약하다 같은 것들이다. 정말로 뼈아픈 피드백들이다.

피드백들 중에는 자신이 유독 자주 듣는 이야기들이 있을 것이다. 그렇다면 그 피드백에 대해서 자기 객관화를 해보고, 자신에게 왜 그런 문제가 있는지 원인을 파악하고 어떻게든 해결하려고 노력해야 하는데, 대부분이 그 과정을 생략해 버린다. 자신의 약점을 직면해야 하고 성장통이 따르더라도 그때가 진정 성장하고 성숙해질 수 있는 기회인데, 그 기회를 잡지 않는 친구들이 허다하다. 많은 대학생들이 인간관계가 어렵다 싶으면 깊은 고민 없이 그냥 관계를 중단해 버린다. 단체 활동 적응이 어렵다 싶으면, 단체 또는 그 단체의 리더를 탓하며 활동을 그만둬 버린다. 일이 어렵다 싶으면 옆에 있는 일 잘하는 사람한테 묻어 가려고 하거나, 극단적인 경우에는 잠수를 타기도 한다.

학생 시절에는 관계를 손절하거나 활동을 중단하는 게 쉬웠을지 모르나, 사회인이 되어서는 쉽게 그럴 수 없다. 직장에 들어가면, 상사가 나와 맞지 않는 사람이라도, 또한 나에 대해 부정적인 생각을 가진 사람이라도 그들과 가족보다 더 오래 같은 공간에 있어야 한다. 그리고 끊임없이 그들과 소통하며 성과를 만들어 내야 한다. 그 과정에서 내가 가지고 있던 문제가 또다시 드러난다. 학생 시절 모른 척했던 고질적인 문제들이 수면 위로 떠오르는 것이다. 그 문제가 결국 그 사람의 사회생활을 힘들게 한다. 그 사람의 승진, 이직, 사업 확장을 가로막을 뿐 아니라, 중요한 사람들에게 신용을 잃게 해 그들로부터 올 수많은 기회를 삼켜 버린다.

'경험을 많이 해 봤다, 일을 많이 해 봤다'는 것으로 본인이 더 나은 사람이 된 것마냥 착각하기보다는, 그 과정에서 불거져 나온 자신의 문제를 깊이 탐구해 봤으면 한다. 자신의 문제가 해결될 때까지 프로젝트나 업무, 단체 생활을 반복하며 노력했으면 한다.

단순히 "나, 이것도 해 봤고, 저것도 해 봤어."에 만족할 게 아니라, 그 속에 치열한 고민과 탐구가 있고 그로 인해 깨달은 자기만의 지혜가 있으면 좋겠다.

앞으로 내가 주변으로부터 존경받는 어른이 될 것인지, 나를 반면교사로 삼는 최악의 어른이 될지는, 스스로 자신의 문제를 어떤 태도로 마주하느냐에 달려 있다.

2장

말보다
반응의 언어가 중요하다

말은 잘하는데
듣지를 않는다

피드백을 못 받는 사람이 조직에서 겪는 진짜 손해

"이 방향이 더 좋을 것 같아요."

"이 부분은 다시 생각해 보면 좋겠어요."

조직이나 팀 안에서 흔히 오가는 피드백이다. 그런데 이런 말들이 유독 불편하게 느껴질 때가 있다. 더 나은 결과를 위한 제안으로 받아들이기보다 내 생각이 틀렸다는 말처럼 들릴 때가 그렇다. 그러면 마음이 발끈하고, 억울함이 치밀고, 설명하고 싶은 말들이 속으로 쌓인다. 그 순간부터 우리는 '듣는 사람'이 아니라 '설명하려는 사람'이 되어 버린다. 그리고 그런 반응이 반복되면, 피드백은 점점 무의미해진다. 누군가는 입을 다물고, 누군가는 기회를 잃는다.

한국대학생인재협회에서도 비슷한 장면을 자주 목격한다. 마케팅 프로젝트에서 대학생들이 팀을 이루어 공식 계정의 브랜딩 콘텐츠를 기획했을 때의 일이다. 현업에서 브랜드 마케팅을 담당하는 실무진이 해당 팀의 기획서에서 설득력이 부족한 부분을 짚어주고, 구체적인 대안을 제시해 주었다. 그러자 몇몇 팀원들이 자신의 기획안이 부정당했다고 느끼며, 방어적으로 반응했다.

"그건 저희가 이미 고려한 부분이에요."

"그렇게 하면 너무 평범해지지 않을까요?"

이런 말로 피드백을 즉각 반박하거나 표정과 분위기로 불편함을 드러냈다. 팀장은 상위 리더의 피드백을 반영해 회의를 이끌어 가려 애썼지만, 일부 팀원들의 방어적인 태도가 반복되며 회의는 같은 논의를 되풀이할 뿐, 실질적인 진전을 이루지 못했다. 그 사이 팀의 다른 구성원들은 점점 눈치를 보기 시작했고, 누구도 먼저 의견을 내기 어려운 분위기가 형성되었다. 결국 팀 전체의 에너지가 소진되며, 사소한 결정에도 시간이 오래 걸리는 악순환이 이어졌다.

또 다른 예로, 어떤 임원이 회의에서 공식적으로 방향이 결정된 이후에도 팀원들 앞에서 그래도 원래 방향이 더 나았던 것 같다고 반복적으로 말하며, 아쉬움을 드러냈다. 이러한 발언은 팀의 집중력을 흐트러뜨렸고, 이미 합의한 결정의 무게를 약화시키며 팀원들의 판단에도 혼란을 주는 결과를 낳았다.

이처럼 피드백을 듣지 않는 태도는 겉으로는 잘 드러나지 않을 수 있지만, 시간이 지나면 분명한 손해로 이어진다.

첫째, 신뢰를 잃는다. 피드백을 받아들이지 못하는 사람은 점점 '고집 있는 사람', '협업이 어려운 사람'으로 인식된다. 실력보다 태도가 더 강하게 기억에 남는다.

둘째, 성장이 멈춘다. 피드백은 내가 놓쳤던 부분을 보게 해 주고, 나의 부족함을 직면하게 만든다. 아무리 훌륭한 멘토에게 배우고, 좋은 환경에 있어도 자신의 부족함을 인정하지 않으면, 성장할 수 없다. 성장하고 싶다면, 피드백을 기꺼이 받아들일 줄 알아야 한다.

셋째, 기회가 줄어든다. 리더는 '말이 통하는 사람', '같이 성장할 준비가 된 사람'에게 더 많은 역할을 맡기고 싶어진다. 결국 좋은 기회는 피드백을 유연하게 수용하는 사람에게 돌아간다.

넷째, 팀 전체가 피로해진다. 한 사람의 고집은 팀 전체의 에너지를 갉아먹는다. 회의 분위기는 무거워지고, 일의 속도는 점점 느려진다. 그 피로는 결국 팀워크의 균열로 이어진다.

그렇다면 어떻게 해야 피드백을 잘 수용할 수 있을까?

첫째, 바로 반응하지 말고, 일단 기록하고 곱씹는 습관을 들이자. 피드백을 듣고 나서 바로 "왜요?"라고 되묻기보다 "왜 그런 말씀을 하셨을까?"라고 스스로에게 질문해 보자. 감정을 다스리고 맥락을 이해하려는 이 한 걸음이, 피드백을 '비판'이 아닌 '도움'으로 받아들이게 만든다. 이런 태도를 가진 사람일수록 성장 속도는 훨씬 빠르다.

둘째, 고치기 어렵다면, 대안을 제시하자. 이건 좀 아닌 것 같다고 부정적으로 반응하기보다 "이렇게 수정해 보면 어떨까요?"라고 건설적으로 제안하는 편이 훨씬 신뢰를 얻는다. 반박보다 대안을 내놓는 태도는 같은 상황에서도 전혀 다른 인상을 남긴다.

셋째, 말을 조심하자. 특히 결정된 사안에 대한 아쉬움을 뒤늦게 표출하는 건 조직 내 신뢰를 떨어뜨릴 수 있다. 예를 들어, 상위 리더의 피드백을 반영해 팀 회의를 거쳐 방향을 정했는데, 회의가 끝난 후 돌아가는 길에 그래도 원래 방향이 더 나았던 것 같다고 말한다면, 그건 경솔한 발언이다. 그 말 한마디가 함께 내린 결정의 무게를 가볍게 만들고, 팀원들의 판단에도 혼선을 줄 수 있기 때문이다. 이미 결정된 사안에 대한 아쉬움은 혼잣말로 끝내야지, 굳이 말로 꺼내 놓을 필요는 없다. 말에는 책임이 따르고, 리더일수록 그 무게는 더 크다.

피드백은 결국 태도의 문제다. 누군가의 말을 듣는 자세에는 그 사람에 대한 신뢰와 존중이 담겨 있고, 그 피드백을 수용하는 방식에는 나의 성장 의지가 드러난다. 피드백을 받아들이는 태도는 단순한 겸손이 아니라, 변화에 열려 있는 사람이라는 분명한 신호다. 조직은 언제나 변화에 열려 있는 사람을 찾는다.

말 잘하는 사람은 순간의 주목을 받을 수 있지만, 잘 듣는 사람은 지속적인 신뢰와 기회를 얻는다. 그 기회를 놓치지 않고 쌓아 가는 사람이 더 오래 더 멀리 간다. 사람은 말로 설득할 수 있지만, 신뢰는 듣는 태도로 만든다. 오래 살아남는 사람은 결국 듣는 사람이다.

흘려듣지 않고
자기 것으로 소화하는 결정적 차이

'해 봤자 안 될 거야.'를 '한번 해 볼까?'로 바꾸는 법

같은 공간에서 똑같은 메시지를 들어도 그것을 받아들이는 자세는 사람마다 확연히 다르다. 어떤 사람은 메시지를 자기 삶에 긴밀히 연결시켜 동기 부여를 받고 실제로 성장하는 반면, 어떤 사람은 우이독경(牛耳讀經)이 되어 삶에 아무런 변화도 일어나지 않는다. 그들의 차이가 무엇인지 이야기해 보려고 한다.

한국대학생인재협회에서 대학생들을 대상으로 '일을 미루지 않는 방법'에 대해 강의한 적이 있다. 핵심 메시지는 간단했다. 일단 5분만 해 보자. 예를 들어, 책을 전혀 읽지 않던 사람이라면 하루에 한 챕터를 읽겠다는 목표는 오히려 부담이 될 수 있다. 그래서 하루에 단 1쪽만 읽어 보라고 제안했다. 막상 시작하면 내친김에 더 하게 되는 경우가 많기 때문에, 일단 문을 여는 것 자체에 의미를 두라고 강조했다.

또한, 각 팀이 습관 파트너가 되어 서로의 실천 내용을 팀 단톡방에 인증하게 했다. '처음에는 그렇게 간단한 방법으로 정말 효과가 있을까?' 하고 반신반의했던 학생들도, 실행에 옮긴 후에는 놀라운 결과를 경험했다고 말했다.

"멘토님, 5분만 하려고 했는데, 30분이 지나 있었어요!"

"이번 학기 인생에서 제일 바빴는데, 성적은 최고였어요!"

"매일 5분만 운동하자고 다짐했는데, 3kg이나 빠졌어요!"

이런 말로 기쁨과 놀라움을 표현했다.

반면, 똑같은 강의를 들었지만 의무감에 처음 몇 번 인증만 하고 금세 흐지부지된 학생들도 있었다. 메시지를 실천에 옮긴 사람들과 그렇지 않은 사람들 사이의 차이는 분명했다. 그렇다면 이러한 차이는 과연 어디에서 비롯되는 것일까?

첫째, 메시지를 받아들이는 자세의 차이다. 좋은 메시지를 자기 것으로 만드는 사람은 처음부터 메시지를 자기 삶과 적극적으로 연결 짓는다. 이들은 메시지를 듣는 순간 자신에게 이런 질문을 던진다.

"지금 내 상황과 이 메시지가 어떤 관련이 있지?"

"이 메시지가 내가 겪고 있는 문제를 해결하는 데 어떻게 도움을 줄 수 있을까?"

이렇게 이들은 메시지 속에서 자신이 가진 문제를 해결할 실마리를 찾아내려 애쓴다.

하지만 흘려듣는 사람은 스스로와 메시지를 철저히 분리한다. 아무리 유익한 메시지를 들어도 자기 삶과의 접점을 고민하지 않으니, 메시지가 표면에서만 맴돌다 금세 잊히고 만다.

둘째, 메시지를 해석하고 소화하는 방식의 차이다. 자기 삶을 변화시키는 사람들은 좋은 메시지를 자기 삶의 언어로 해석한다. 다시 말해 그들은 메시지를 단순한 이론적 지식으로만 받아들이지 않는다.

예를 들어 "일단 5분만 해 보자."라는 메시지를 들었을 때, 이들은 즉시 그 메시지를 자신이 바로 할 수 있는 구체적인 행동으로 바꾼다.

"오늘 집에 가서 5분만 책상 위를 정리해 봐야지."

"딱 5분만 스트레칭을 해 봐야지."

그들은 메시지를 듣자마자 자신만의 실천 가능한 작은 행동으로 번역해 낸다.

반대로 메시지를 흘려듣는 사람은 좋은 메시지를 듣고도 그것을 자신과 연결되는 구체적 실천으로 해석하지 않는다. 결국 좋은 메시지는 막연하고 추상적인 이야기로 머물다가, 시간이 지나면서 점점 더 멀어진다.

셋째, 메시지를 작은 행동으로 옮기는 실천력의 차이다. 좋은 메시지를 내 것으로 만드는 결정적인 차이는 결국 '행동'이다. 아무리 좋은 이야기를 들어도 실천하지 않으면 아무 변화가 없다. 메시지를 자기 것으로 체화하는 사람들은 즉각적으로, 그리고 작게라도 바로 행동한다. 이 작은 행동이 성공 경험을 낳고, 성공 경험은 메시지를 더욱 깊이 뿌리내리게 하는 원동력이 된다.

반면, 메시지를 흘려듣는 사람들은 계속 실천을 미룬다. 그들은 메시지를 듣고 나서 '나중에 해야지.'라고 생각하는데, 안타깝게도 '나중'은 절대 오지 않는다. 시간이 흐르면서 메시지는 희미해지고, 결국 그 좋은 메시지가 삶에서 아무런 흔적도 남기지 못한다.

한번은 그룹 멘토링에서 한 학생이 이런 이야기를 한 적이 있다.

"멘토님이 감정 일기를 써 보라고 하셔서 집에 가는 길에 바로 다이소에서 작은 노트를 샀어요. 다음 주부터 해야겠다고 미뤘다면, 분명 잊어버리고 안 했을 거예요. 바로 행동하니까 변화가 생기더라고요."

이처럼 실천을 위한 작은 행동 하나가 메시지와 삶을 연결하는 '접착제'가 되는 것이다.

넷째, '해 봤자 안 될 거야.'라는 부정적 자기 암시를 깨는 용기의 차이다. 메시지를 자기 삶과 연결시키지 못하는 사람들에게서 흔히 나타나는 또 하나의 특징은 바로 '해 봤자 안 될 거야.'라는 부정적인 자기 암시에 갇혀 있다는 것이다. 이런 자기 암시는 행동을 방해하고, 변화를 원천적으로 차단한다. 아무리 좋은 메시지도 "난 안 될 거야."라는 자기 암시 앞에서는 무력해진다.

하지만 변화를 만들어 내는 사람들은 부정적 자기 암시를 깨뜨린다. 이들은 '안 될 이유' 대신 '될 이유 하나'라도 더 찾아내어 그것을 자기 삶의 원칙으로 삼는다. 그들은 긍정심을 바탕으로 어떻게든 변화해 보려고 한다. 그들 역시 처음에는 반신반의할 수 있지만, 작은 행동을 통해 소소하지만 성공이라는 것을 경험하면서 '나도 할 수 있구나!'라는 긍정적 자기 암시로 바꾸어 나간다.

이제 좋은 메시지를 흘려듣지 않고 자기 것으로 소화시키는 방법을 간단히 정리해 보자.

1. 메시지를 내 삶과 적극적으로 연결 짓자.
2. 추상적인 메시지를 지금 당장 할 수 있는 아주 구체적이고 작은 행동으로 바꿔 보자.
3. 작게라도 즉시 실행하여 작은 성공을 경험하자.
4. '해 봤자 안 될 거야.'라는 생각을 경계하고, "일단 해 보자, 혹시 될 수도 있잖아."라는 작은 용기를 내 보자.

좋은 메시지를 듣는 순간, 스스로에게 다음과 같은 질문을 던져보자.

"지금 당장 내가 실천할 수 있는 가장 작은 행동은 무엇일까?"

이 작은 질문 하나가, 당신의 삶을 변화시키는 강력한 출발이 될 것이다.

무엇이든
자기 합리화 수단으로 듣지 말자

자기 합리화는 자신의 성장도 가로막고, 조직에도 도움이 안 된다

요즘 MZ 세대와 알파 세대의 특징 중 하나는 '정보는 많이 알고 있지만, 깊이 있는 해석력과 맥락을 파악하는 능력은 부족하다.'라는 점이다. 이들은 유튜브, 인스타그램, 짧은 영상 콘텐츠 등을 통해 수많은 메시지를 빠르게 소비하지만, 그만큼 내용을 곱씹고 통찰하는 태도는 점점 약해지고 있다. 특히 강의나 피드백 상황에서 자신에게 불편하거나 부담스러운 내용은 무의식적으로 걸러 내고, 자신이 듣고 싶은 방식으로만 해석해 버리는 일이 잦다.

한국대학생인재협회에서 리더십, 동기 부여, 소통, 협업 등 다양한 주제로 강의를 하다 보면, 일부 대학생들이 강의자의 의도와 다르게 메시지를 받아들이고, 오히려 자신의 미성숙한 태도를 합리화하는 도구로 삼는 경우를 목격하게 된다. 이것은 단순한 오해를 넘어, 개인의 성장뿐 아니라 팀워크에도 심각한 영향을 미치기 때문에 반드시 짚고 넘어가야 할 문제다.

최근 '건강한 인간관계를 위한 바람직한 관점'이라는 주제로 강의한 일이 있었다. 그중 교만, 열등감, 질투, 지나친 경쟁심이 들 때는 타인을 공격하거나 그를 이기려 드는 것이 아니라, 오히려 나 자신을 바로 세우는 데 집중하라고 강조했다. 그런데 한 학생이 강의의 핵심 맥락은 고려하지 않고, '나 자신을 바로 세우자.'라는 문장만 따로 떼어 내어 해석했다. 시험 기간이라는 이유로 자신의 학점 관리에만 집중하고, 팀을 위해 맡았던 작업(task)을 하지 않은 것이다. 모든 팀원들이 시험 기간임에도 불구하고 각자의 역할을 다하며 함께 노력하고 있었기에, 그의 행태는 팀의 사기를 꺾고 공동의 목표에도 부정적인 영향을 미쳤다.

이런 해프닝은 종종 일어난다. 화자의 앞뒤 문맥을 고려하지 않고, 본인이 원하는 내용만 잘라 내어 듣는 것이다. 이런 문제를 방지하려면 어떻게 해야 할까?

화자의 전달력을 개선하는 것도 필요하겠지만, 여기서는 듣는 이의 올바른 자세에 대해서 이야기하고 싶다. 자기 합리화는 자신의 행동과 태도에 큰 영향을 미치며, 결국 자신의 성장을 저해할 뿐만 아니라 위 사례처럼 팀과 조직에도 피해를 주기 때문에 반드시 교정되어야 한다.

그러기 위해서는 먼저, 화자의 의도와 전체적인 맥락을 반드시 고려하며 들어야 한다. 학창 시절, 귀가 닳도록 들었던 말 중에 "문제를 잘 풀려면 출제자의 의도를 파악하라."는 말이 있었다. 이처럼 글을 읽을 때나 강의를 들을 때에는 화자의 의도를 고려해야 한다. 그리고 자신이 원하는 부분만 골라 듣는 것이 아니라 전체적인 흐름을 따라가면서 이해해야 한다. 전체적인 흐름을 따라가는 좋은 방법은 강의를 듣는 중에도 강의 주제를 계속 상기하고, 메시지의 구조를 볼 수 있는 목차를 짚어 가며 듣는 것이다.

두 번째로는 자아 성찰을 하는 자세가 기본 자세였으면 한다. 쉽게 말해 배우려는 자세로 들었으면 좋겠다. 메시지를 들으면서 '나는 잘하고 있구나.'보다는 '그 부분은 내가 미흡한 부분이네. 개선해 봐야겠다.'라는 생각을 갖는 것이 훨씬 많은 성장을 가져다 준다. 어떤 내용이든 자신의 내적·외적 성장의 밑거름으로 삼으려는 자세가 바람직하다.

마지막으로, 자신이 자기 합리화를 하는지 잘 모르겠다면 화자의 메시지를 듣고, 적용할 행동을 시뮬레이션 해보기를 바란다. 그 행동을 했을 때 자신과 팀, 가족 그리고 조직에 득이 될 것인지 아니면 해가 될 것인지를 제대로 타진해 보면, 어느 정도 답이 나올 것이다. 그래도 모를 때에는 주변에 객관적으로 조언해 줄 수 있는 멘토나 성숙한 어른을 찾아가 피드백을 받는 것도 좋다.

성장통이 있어야 성장하는 법이다. 다시 말해 자아 성찰을 통한 뼈아픈 순간들이 있어야 성장한다. 화자의 메시지가 나의 미성숙한 태도를 지적할 수도 있고, 나에게 큰 도전을 요구하는 것일 수도 있다. 어쩌면 내가 지금까지 회피해 왔던 문제를 드러내 괴로울 수도 있다. 그런 순간들이 바로 성장통이 시작되는 순간이며 그 불편함을 이겨 내야 성장할 수 있다. 그 순간에 자기 합리화를 해 버린다면 성장은 물 건너가고 결국 미성숙한 어른으로 남게 된다.

연예인 김종국 씨가 어느 예능 프로그램에 나와서 이런 얘기를 하는 것을 들었다. "자기처럼 운동하는 사람들은 근육통이 느껴지면 그날은 잔치하는 날"이라고. 이미 근육이 단련되어서 웬만한 운동량 가지고는 근육통이 느껴지지 않기 때문에, 근육통이 오면 행복하다는 것이다. 우리도 그 경지까지 올라가 보자. 부지런히 자아 성찰하며 성장해서 성장통이 느껴지는 순간이 행복한 지경에 이르러 보자.

말 한마디가
팀의 공기를 바꾼다

팀의 공기를 바꾸는 '반응의 언어'에 관하여

팀의 분위기를 좌우하는 것은 리더의 몫일까, 팔로워의 몫일까? 둘 다 중요하지만, 조직을 오래 이끌면서 느낀 것은 팔로워의 언어가 팀 분위기에 미치는 영향이 꽤 크다는 사실이다.

어떤 팀은 리더가 매력적인 의견을 제시해도 팀원들의 반응이 미적지근해서 전체 에너지가 금세 식어 버린다. 반면, 리더가 다소 어색하거나 미숙하더라도 옆에서 반응을 잘해 주는 팔로워가 있으면 분위기가 살아나고, 팀 운영이 자연스럽게 풀려 간다. 그런 팔로워가 있는 팀은 시행착오가 있더라도 빠르게 회복하고, 일의 진척도 빠르다. 즉, 리더가 어떤 말을 하느냐 뿐만 아니라, 팔로워가 어떤 말로 반응하느냐도 굉장히 중요하다는 말이다.

그렇다고 무조건 긍정적인 말만 해야 한다는 말은 아니다.

"네, 알겠습니다.", "좋아요." 같은 자동 반응은 오히려 진정성을 의심받게 하고, 팀의 방향을 흐트러뜨릴 수 있다. 정말 중요한 것은 상황에 맞게 팀의 건강한 흐름을 만들어 가는 언어를 선택하는 것이다.

예를 들어, 팀장이 힘들게 추진한 프로젝트가 좋은 성과로 마무리됐을 때 침묵하거나, 단순히 "고생하셨어요."라는 한마디로 넘어가는 것과, "이번 건 정말 방향을 잘 잡으셨던 것 같아요. 많이 배웠어요."라고 말하는 것은 큰 차이가 있다. 후자의 말은 단순히 팀장을 띄우려는 말이 아니다. 팀의 방향성과 과정에 대해 자신도 관심을 가지고 함께 고민해 왔다는 신뢰의 표현이다.

또, 팀원 중 누군가가 애써 준비한 내용을 발표한 회의 자리라면, "그 부분 되게 인상 깊었어요. 정리해 둔 거 다음에도 써먹을 수 있을 것 같아요."라고 구체적으로 반응해 보자. 누군가는 그 말 한마디에 다음 일도 더 책임감 있게 진행할 것이다. 사람은 자신의 기여가 팀 안에서 "의미 있게 여겨지고 있다."라는 말을 들을 때, 더 몰입하게 되기 때문이다.

문제는 부정적인 상황이다. 일이 잘못되었거나 방향 설정에 의문이 들 때, 팔로워가 어떤 언어로 반응하느냐에 따라 회의 분위기는 급격히 바뀐다. "그건 좀 아닌 것 같다."라는 말이 단순한 이견으로 끝날 수도 있고, 상대방을 방어적으로 만들 수도 있다. 그래서 나는 완충제 역할을 해 주는 '쿠션어'를 활용하자고 자주

기회를 부르는 1%의 법칙

이야기한다. 쿠션어는 내 생각을 그대로 전달하되, 감정의 충돌 없이 말할 수 있도록 도와주는 언어의 완급 장치다.

이를테면 리더가 제안한 안건에 우려가 들 때, 이렇게 말할 수 있다.

"이 방향에 대한 의도는 충분히 이해돼요. 다만 중간에 예상되는 리스크를 조금 더 구체적으로 고민해 보면 좋을 것 같아요."

이 말은 단순히 예스(YES)도, 노(NO)도 아니다. 상대의 방향성을 존중하면서도 우려를 분명하게 전달하는, 건강한 커뮤니케이션이다.

한편, 누군가 실수를 했을 때에도 "이거 누구 때문에 이렇게 된 거예요?" 대신에 "지금 알아차린 게 다행이에요. 다음부터는 중간 점검을 자주 해 보면 좋겠어요."라고 말하는 것이 더 나은 대안이 될 수 있다. 왜냐하면 분위기를 지키면서도, 상대가 개선해야 할 점을 명확히 전달하는 태도이기 때문이다.

이런 표현이 익숙하지 않은 사람들을 위해 팀 프로젝트 상황에서 자주 사용할 수 있는 쿠션어 예시를 몇 가지 소개하고자 한다. 말의 강도를 부드럽게 조절해 주는 표현들을 익혀 두면, 이견을 말하면서도 신뢰를 잃지 않는 건강한 대화가 가능해진다.

- "그 부분은 충분히 이해돼요. 다만 조금 다른 방향도 함께 검토해 보면 좋겠어요."

- "전반적으로 괜찮은데, 한 가지 조금 걱정되는 부분이 있어요."
- "좋은 아이디어예요. 여기에 더해서 이 부분도 고려하면 더 탄탄해질 것 같아요."
- "이견이 있을 수 있는 부분인 것 같아요. 서로 입장을 조금 더 들어 보면 좋겠네요."
- "이번에는 놓쳤지만, 다음에는 이런 방식도 고려해 보면 좋을 것 같아요."
- "조심스러운 의견이기는 한데요, 이 부분은 조금 수정이 필요해 보여요."

팀 안에서 자신의 의견을 당당히 말하는 것은 중요하다. 하지만 그보다 더 중요한 것은 말을 통해 분위기를 지켜 내고, 관계를 해치지 않으며, 팀을 발전시키는 언어를 선택하는 것이다.

어떤 말을 하느냐에 따라 팀의 공기가 완전히 달라진다. 회의의 분위기, 프로젝트 진행 속도, 팀장과 팀원 간의 관계, 이 모든 것이 팔로워의 한마디로 달라질 수 있다.

다시 말하지만, 무조건 "예스"라고 말하라는 것이 아니다. 말을 건강하고 성숙하게 하자는 것이다. 진심이 담긴 말, 맥락을 읽는 말, 팀 전체를 생각하는 말을 쓰는 팔로워는 팀 안에서 가장 강력한 에너지원이 된다.

리더에게 서운한 사람들의
세 가지 착각

마음대로 기대하고, 마음대로 상처받는다

리더와 함께 일하다 보면 누구나 서운함을 느낄 수 있다. 이는 자연스러운 현상이다. 리더도 사람이기에 실수할 수 있다. 하지만 같은 상황에서도 쉽게 극복하고 털어 내는 사람이 있는가 하면, 오랫동안 서운한 마음을 품고 곱씹으며 주변까지 부정적인 분위기로 몰고 가는 사람도 있다.

이번에는 리더에게 유난히 자주 서운함을 느끼는 사람들이 공통적으로 가진 세 가지 착각을 살펴보고, 서운함을 건강하게 극복하는 방법에 대해 이야기하고자 한다.

첫 번째 착각은 리더의 말이나 피드백에 지나친 의미를 부여하는 것이다. 이런 사람들은 리더가 전하는 작은 말 한마디, 미묘한 뉘앙스까지도 지나치게 크게 받아들인다.

예를 들어, 회의에서 리더가 다른 팀원의 의견에는 적극적으로 반응하면서 내 의견에는 짧게 답하거나 표정이 밝지 않은 모습을 보였을 때, '리더가 나를 싫어하는 건가?', '내 의견을 무시하는 건가?'라고 생각하며 불필요한 상처를 받는다. 또한 리더가 간단히 "이 부분만 수정하면 좋겠어요."라고 말한 것을 "내가 하는 일이 모두 마음에 안 드나?" 하고 극단적으로 받아들이는 경우도 있다.

두 번째 착각은 자신의 가치 평가를 리더의 인정과 평가에 과도하게 의존하는 것이다. 리더의 칭찬 한마디에 하루 종일 기분이 좋다가도, 인정받지 못하면 급격히 우울해지거나, 심지어 업무 의욕까지 잃기도 한다.

예컨대 열심히 준비한 프로젝트를 완료했는데 리더가 공개적으로 칭찬하지 않거나 조용히 넘어가면, '내 결과물이 탐탁지 않나 보다.'라고 생각하며 자존감이 급격히 떨어지고 서운해진다. 리더가 원하는 만큼의 관심이나 인정을 주지 않으면 깊은 실망과 좌절감을 느끼는 것이다. 결국 이것은 리더와의 관계뿐 아니라 자기 자신에 대한 자존감에도 부정적인 영향을 미친다.

세 번째 착각은 리더와의 관계를 지나치게 개인적이고 정서적인 차원에서 바라보는 것이다. 이런 사람들은 업무적 관계를 맺는 과정에서도 개인적 친밀감과 감정적인 유대를 과도하게 기대한다. 그래서 리더가 업무적 차원에서 객관적이고 냉정한 결정을 내릴 때, 이를 개인적 무관심이나 거절로 받아들이며 깊은 상처를 받는다.

이를테면 리더가 공정성의 이유 등으로 개인적인 요청을 거절할 수 있는데, 이를 자신과의 친밀함이 부정당한 것처럼 여겨 크게 실망하거나 상처를 받는 경우가 있다.

이러한 사람들과 일할 때, 리더는 상당한 부담을 느낄 수 있다. 그를 편하게 대할 수 없고, 말 한마디나 행동 하나에도 지나치게 신경을 써야 하기 때문이다. 리더는 점점 이런 사람들과의 소통을 꺼리거나, 중요한 피드백이나 솔직한 조언을 주저하게 된다. 결국 이런 사람들은 리더와 거리가 벌어지고, 동시에 리더를 통해서 주어지는 다양한 기회로부터도 멀어지게 된다.

그렇다면 어떻게 해야 리더에게 느끼는 서운함을 건강하게 극복할 수 있을까?

첫째, 리더의 피드백과 평가가 자기 가치를 결정짓는다고 생각하지 않는 것이 좋다. 그저 자신의 성장과 발전을 위한 귀중한 기회로 인식해야 한다. 완벽한 리더는 없으며, 누구나 불편한 피드백을 받을 수 있다. 피드백을 감정적으로 받아들이지 말고, 자신의 부족한 점을 발견하고 개선할 수 있는 좋은 계기로 삼는 자세가 필요하다.

둘째, 리더와 팔로워의 관계에 맞는 적당한 거리감을 유지할 필요가 있다. 업무 관계를 정서적 관계로 혼동하지 말고, 업무에 집중하며 객관성을 유지하는 것이 중요하다. 리더에게 개인적 친밀감이나 관심을 과도하게 기대하지 않는 것만으로도 감정적 상처에서 상당히 자유로워질 수 있다.

셋째, 대접받기를 기다리는 사람이 아니라, 먼저 베푸는 사람이 되려고 노력해야 한다. 리더로부터, 주변으로부터 인정받고 싶어 하는 수동적인 태도에서 벗어나, 스스로 주도적으로 타인에게 도움을 주고 싶어 하는 사람, 조직에 기여하는 사람이 되어 보자. 그러면 외부 평가에 덜 민감해지고, 내적 성취감과 만족감을 더 많이 누릴 수 있을 것이다.

서운함은 누구나 느낄 수 있지만, 그 감정을 현명하게 다루는 것이 성숙한 조직 생활의 시작이다. 서운함을 건강하게 소화하지 못하고 방치하면 자기 자신은 물론, 팀 전체의 분위기까지 무겁고 부정적으로 만든다. 리더의 말과 행동에 민감하게 반응하며 많은 의미를 부여하는 대신, 그저 성장을 위한 기회로 삼자. 자신의 입장에만 매몰되지 말고 리더 입장에서, 조직 입장에서 생각해 보고 그 상황을 한 발짝 떨어져 객관적으로 바라보자. 무엇보다 대접받으려는 마음에서 벗어나 먼저 돕고 긍정적으로 관계를 맺으려는 태도가 기반이 되어야만, 비로소 건강한 조직 생활이 가능해진다.

이와 같이 서운함이라는 감정을 건강하게 다룬다면, 리더와 더 좋은 관계를 형성할 수 있을 뿐 아니라 조직 내에서도 신뢰와 존중을 얻으며, 더욱 단단하고 매력적인 사람으로 성장하게 될 것이다.

기회를 부르는 1%의 법칙

회의 중에 낸 의견이
거부당했다고 마음 상하지 말자

자기 의견과 자존심을 동일화하면 함께 일하기 힘들다

한국대학생인재협회를 운영하면서 무수히 많은 회의를 진행해 왔다. 회의하는 과정에서 더 나은 성과를 얻기 위해 각각의 의견에 대한 예상 효과와 리스크를 타진해 보고는 한다. 그때 자신이 낸 의견이 리스크가 많은 것으로 판단되어 채택되지 못했을 때 자존심 상해하는 사람들이 가끔 있었다. 일부는 최종적으로 자기 의견을 채택해 주지 않은 리더를 원망하기도 하고 자기 의견에 반대 의견을 표출한 사람에 대해 뒷담화를 하는 경우도 있었다. 그런 부류의 사람들과는 함께 회의하기가 참 부담스럽다. 그래서 가능하다면 그들과 업무적으로 엮이고 싶지 않다.

그들은 왜 자신의 의견에 집착하게 되었을까? 이 글에서는 그 원인과 이를 방지하기 위한 대비책을 살펴보고자 한다. 먼저, 그들은 회의 전에 자신의 아이디어를 준비하면서 그 아이디어에 애정과 확신이 생기고, 자기도 모르게 회의에서 긍정적인 피드백이 올 것이라는 기대감을 가지고 왔을 수 있다. 그 기대감이 무너지니 실망감이 배가되었고, 그 마음이 남을 탓하는 마음으로 이어졌을 수 있다.

이런 실망감을 방지하기 위해 나는 스스로 실천할 수 있는 방안으로, 예정된 회의의 목적에 맞게 아이디어를 준비하는 스펙트럼과 깊이를 조절했으면 한다.

일례로 브레인스토밍 회의처럼 다양한 아이디어를 나누고 방향을 잡아 나가는 회의인 경우에는 하나의 아이디어를 심도 있게 준비하기보다 3개 정도의 아이디어를 러프하게 준비한다. 아울러 준비 과정에서 해당 아이디어의 기대 효과와 리스크에 대해 충분히 연구하고, 회의에서 공유하는 것이 좋다. 스스로 자신의 아이디어에 대해 객관적 자세를 취할 때, 리더와 동료로부터 피드백 받는 두려움을 어느 정도 상쇄시킬 수 있기 때문이다.

두 번째로, 회의 시간에 자기 의견이 채택되는 것이야말로 인정받는 길이라 생각하는 것도 하나의 이유가 될 것이다. 하지만 이는 매우 협소하고 어리석은 생각이다. 의견이 채택되어야만 인정받는 것이 아니다. 자신의 의견뿐만 아니라 모든 의견을 객관적이고 전략적으로 분석하고 예측하는 모습, 유연하고 매너 있게 피드백을 주기도 하고 수용하기도 하는 모습 등, 전반적으로 회의와 업무에 임하는 태도가 좋을 때 인정받는 것이다. 따라서 회의에 임할 때 자신의 의견이 채택되도록 분위기를 유도하거나 고집하지 말고, 팀의 승리를 위해 더 나은 아이디어를 선택할 수 있도록 객관성을 잃지 않아야 한다. 더불어 팀워크를 위해 따뜻함을 유지하며 임해야 할 것이다.

마지막으로, 함께 회의를 하는 리더와 팀 구성원들과의 관계가 원만치 않거나 그들과 신뢰가 형성되지 않은 이유도 있을 것이다.

이런 경우에는 회의에서 자신의 의견이 채택되지 않은 것에 대해 객관적 근거가 제시됐음에도 불구하고, 관계가 좋지 않아서 의견이 거부된 건 아닌가 하는 의구심이 들 수 있다. 또한, 사람들은 메시지보다 메신저를 보고 의견에 대한 평가도 달라지는 경향이 있기 때문에, 내가 평상시 그들에게 신뢰를 주지 못했다면 의견이 거부될 확률이 높을 수 있다. 이런 경우에는 오랜 기간 성실하게, 리더와 팀에 협조적인 태도를 유지하고, 정직하게 일해서 신뢰를 쌓으라고 조언하고 싶다. 신뢰는 회의에서 말을 많이 한다고 쌓이는 것이 아니라 평상시에 일하는 태도에서 비롯되기 때문이다. 그리고 쌓인 신뢰만큼 발언에 무게가 실린다는 사실을 기억하라.

회의는 내 의견이 채택되게 하기 위해 하는 것이 아니다. 내가 인정받으려고 하는 것도 아니다. 회의는 개인의 활동이 아닌 팀 활동이며, 팀의 성공을 위해 최고의 아이디어를 찾는 일이다. 내 의견은 그저 팀의 목표를 위한 하나의 수단일 뿐이다. 그러므로 자신의 의견에 너무 많은 의미를 부여하지 말자. 내 의견과 자존심을 동일시하지도 말자. 내 의견이 거부되었다고 마음이 상하면 일하고 싶은 의욕이 꺾이고 팀과도 갈등이 생긴다. 팀을 우선으로 여기며 열린 마음으로 다양한 의견을 수용하고, 팀이 나은 성과를 창출할 수 있도록 나아가자.

성장과 방어는
공존할 수 없다

고집이 아니라 유연함이 당신을 살린다

얼마 전 한국대학생인재협회에서 세미나 시간에 취업 준비에 대해 현실적인 방향을 나눴다. 어학 연수, 교환 학생, 자격증 등 여전히 많은 이들이 이런 것들을 '스펙'이라 여기며 시간과 돈을 투자하지만, 지금은 그런 시대가 아니라고 생각한다. 어학 성적과 학점은 기본 요건일 뿐이고, 기업이 진짜 주목하는 것은 실무 경험과 조직 안에서 부딪쳐 본 사람이다. 현장에서 문제를 풀어 본 경험이 있는 사람, 팀 안에서 협업하고 결과를 만들어 본 사람, 그런 이들이 살아남는다.

그런데도 어떤 학생들은 이렇게 말한다.

"일단 이것저것 다 해 보고, 그 다음에 취업을 준비하면 되지 않을까요?"

하지만 이런 접근은 큰 오산이다. 신입을 뽑는 기업 자체가 줄고 있고, 시간이 지날수록 취업을 못한 사람들이 누적되어 경쟁자가 기하급수적으로 늘어난다. 거기에 '취준생' 본인은 나이까지 들어간다. 그러므로 지금은 무조건 선택과 집중을 해야 할 때다. 무조건적인 경험 수집은 졸업 후 공백기를 길게 만들고, 기회를 흘려 보내게 할 뿐이다.

강의 후, "이제 어떻게 준비해야 할지 알겠다."라며 속이 후련하다는 학생들도 있었지만, 어학 연수나 교환 학생 등을 계획하고 있던 몇몇은 불편한 기색을 감추지 못했다.

"정말 해외 경험이 도움이 안 되나요?"

"저는 남들이 도움이 안 된다고 해도, 직접 해 봐야 알 것 같아요."

그런 반응 속에서 익숙한 '방어 기제'를 보았다. 신념이 흔들릴 때, 사람은 자기 자신을 지키기 위해 본능적으로 방어 태세를 취한다. 그런데 바로 이 '방어적인 태도'야말로 사회생활에서 가장 치명적인 태도다.

방어적인 태도는 단지 성격의 문제가 아니다. 그것은 관계를 끊고, 기회를 막고, 결국 자신의 성장을 가로막는 반응 방식이다. 비판이나 조언 앞에서 감정적으로 반응하거나 실수를 인정하기보다 이유를 먼저 대며 자기 입장을 방어하는 태도, 자신의 선택이 틀릴 수도 있다는 가능성을 부정하며, 끝까지 고수하려는 자세. 이런 방어는 순간적으로 나를 지켜 주는 것 같지만, 결국 나를 점점 고립시킨다.

성숙한 사람은 피드백을 공격이 아니라 기회로 본다. 사회는 완벽한 사람보다 틀림을 인정할 줄 아는 사람을 더 신뢰하기 때문이다. 함께 일하고 싶은 사람은 자기 합리화가 빠른 사람이 아니라 유연한 태도를 가진 사람이다.

우리가 방어적으로 반응하는 이유는 대부분 두려움 때문이다. 무능해 보일까 봐, 존중받지 못할까 봐, 지금까지의 노력이 부정당할까 봐 벽을 친다. 하지만 바로 그 순간이 나를 변화시키는 문이 열리는 시점이다. 문제는 그 문 앞에서 방어를 택할 것인가, 성장을 택할 것인가이다.

그렇다면 방어적 태도에서 벗어나기 위해선 어떤 연습이 필요할까?

첫째, 감정보다 사실을 먼저 보자. 피드백을 들었을 때, 우리 안에서는 종종 이런 감정이 먼저 올라온다.

'나를 무시하나?', '내가 못한다는 말인가?'

하지만 대부분의 피드백은 인격적인 비난이 아니라 행동에 대한 관찰과 제안이다.

예를 들어, 누군가 "보고서가 좀 더 간결했으면 좋겠어요."라고 말했을 때, 이를 '내가 무능하다고 생각하나 봐.'라고 받아들이는 순간 감정이 개입되고 방어적이 된다. 이럴 때는 한 발 물러서서 '이 말이 전달하려는 핵심은 무엇일까?'를 먼저 생각해야 한다. 감정을 잠시 뒤로 미루고 사실을 앞세우는 연습이 반드시 필요하다.

둘째, 내 사고방식이 전부가 아닐 수 있다는 걸 인정하자. 우리는 누구나 자신이 '꽤 합리적으로' 생각하고 있다고 믿는다. 특히 오랫동안 준비해 온 방향일수록 더 그렇다. 하지만 세상은 단 하나의 시선으로는 보이지 않는다. 나의 관점은 하나의 관점일 뿐이고, 더 나은 관점은 언제나 존재할 수 있다.

예를 들어, 어학 연수를 준비 중인 학생이 "요즘 기업들은 실무 경험을 더 본다."라는 말을 들었을 때, 자신의 선택이 흔들리는 것처럼 느껴질 수 있다. 하지만 그 말은 '당신의 선택이 틀렸다.'라는 말이 아니라, '다른 전략이 더 효과적일 수 있다.'라는 조언일 뿐이다. "내가 틀릴 수도 있다."라는 여지를 품는 것, 그것이 열린 사고의 시작이다.

셋째, 신뢰할 만한 사람의 피드백을 적극적으로 받아들이자. 사람은 의외로 자기 자신을 가장 정확하게 보기 어렵다. 그래서 거울이 필요하다. 그런데 이 '거울' 역할을 하는 피드백은 때로 불편하게 느껴진다. 그래서 자꾸 외면한다. 하지만 피드백을 줄 수 있는 사람, 그것도 나를 잘 알고 있고 내 성장을 진심으로 바라는 사람의 말이라면 적극적으로 귀를 기울이는 연습이 필요하다. 예컨대 가족이나 멘토, 팀장 혹은 나를 오래 지켜봐 온 친구가 조심스럽게 해 주는 조언이라면, 듣기 불편하더라도 정면으로 마주해 보자. 불편한 말 속에 담긴 진심을 들을 수 있을 때, 우리는 자기

왜곡에서 벗어나 진짜 성장을 시작할 수 있다.

넷째, 피드백을 '나' 자체에 대한 평가가 아니라 '행동'에 대한 조언으로 해석하자. 방어적인 태도를 가진 사람들의 특징 중 하나는 피드백을 '존재의 부정'으로 받아들인다는 것이다. 누군가 "발표가 조금 장황했어요."라고 말하면, '나는 발표를 못하는 사람이구나.'라고 느끼는 식이다. 하지만 대부분의 피드백은 사람 자체에 대한 비판이 아니라, 고칠 수 있는 구체적인 행동에 대한 제안이다. "이번 프로젝트에서 커뮤니케이션이 조금 느렸던 것 같아요."라는 피드백은, "당신은 무능하다."라는 뜻이 아니라 "다음에는 더 빨리 소통해 보자."라는 의미이다. 자존감이 아니라 실행력의 영역에서 피드백을 듣는 훈련, 이것이 방어를 걷어내고 나를 한 단계 끌어올리는 태도다.

결론적으로 누구나 마음 깊은 곳에는 인정받고 싶은 욕구가 있다. 그래서 틀렸다는 말을 들으면 자신이 무너지는 것처럼 느껴진다. 하지만 진짜로 무너지는 순간은 틀림을 인정하지 않을 때 찾아온다. 성장하는 사람은 피드백에 발끈하지 않고, 오히려 자신을 돌아보는 계기로 삼는다. 방어하지 않고 온전히 받아들인다. 그 작은 차이가 삶을 완전히 바꾼다.

지금, 당신은 변화를 시작할 준비가 되어 있는가? 그렇다면 오늘부터 피드백을 유연하게 받아들이는 연습을 시작해 보자. 당신은 해낼 수 있다.

감사를 잘하는
사람의 사고방식

감정이 아닌 '해석의 방식'으로서의 감사

운동을 마친 뒤 탈의실에서 일어난 일이다. 한 분이 텀블러를 떨어뜨렸는데, 그것이 발가락을 강하게 내리쳤다. 무게감 있는 스테인리스 제품이라 충격이 컸고, 이내 엄지발가락에 피가 고이기 시작했다. 잠시 뒤, 그분이 주변 사람들에게 이렇게 말했다.

"그래도 감사하네요. 더 크게 안 다쳐서요. 차라리 제가 다쳐서 다행이에요. 다른 분이 다쳤다면 더 마음이 불편했을 거예요."

그 말을 들으며 나는 순간 멈춰 섰다. 충분히 부정적인 말을 뱉을 수 있는 상황에서 감사의 말을 꺼내는 것을 보며, 나 자신을 반성하게 됐다.

우리는 흔히 감사라는 태도를 좋은 성격이나 신앙심이 깊은 사람에게서 자연스럽게 나오는 감정이라고 여긴다. 그러나 감사

기회를 부르는 1%의 법칙

는 선천적인 기질이라기보다 후천적인 태도이며, 충분히 훈련 가능한 것이다. 즉, 감사는 상황에서 일어나는 감정이 아니라, 상황을 해석하는 방식이다.

감사는 또한 많이 한다고 해서 전혀 문제가 되지 않는다. 오히려 지나칠 정도로 자주 표현할수록 관계가 더 유연해지고, 개인의 감정 상태도 안정된다. 과식은 몸에 해롭고 과한 말은 오해를 부르지만, 감사는 자주 해도 전혀 해로울 것이 없다. 그만큼 감사는 일상 속에서 얼마든지 흘려보낼 수 있는 안전한 정서이며, 의식적으로 반복할수록 더 큰 정서적 순환을 만든다.

감사를 훈련하는 데 특별한 기술이 필요한 것은 아니다. 단지 삶을 바라보는 시선에 약간의 전환이 필요할 뿐이다. 가령, 지금 당면한 상황이 어렵다고 느껴질 때 "이보다 더 나쁜 상황이었다면 어땠을까?"라는 질문을 던져 보는 것이다. 이런 비교는 현재 상태 안에서 감사할 수 있는 여지를 찾는 실질적인 훈련이 될 수 있다. 생각보다 많은 경우에, 최악을 가정해 보면 지금의 조건이 그렇게 나쁘지 않음을 인정하게 된다.

한편, 지금의 문제를 단순히 불편한 사건으로 여기기보다는, 이 일을 해결하고 났을 때의 나 자신을 상상해 보는 것도 도움이 된다. 현재 상황은 힘들 수 있지만, 그것을 통과한 뒤 어떤 사람이 되어 있을지를 떠올려 보면 문제 해결 이후에 얻게 될 내적 변화에 대해 감사할 수 있는 가능성이 생긴다. 말하자면 감사는 현재의 결과에만 반응하는 감정이 아니라, 미래의 성장을 미리 바라보는 태도이기도 하다.

따라서 감사는 감정의 문제가 아니라 태도의 문제이며, 충분히 훈련될 수 있다. 지나쳐도 해가 없고, 넘칠수록 관계를 살리는 드물게 긍정적인 감정이다. 그러므로 감사를 일상적으로 연습하는 것은 감정 관리나 인간관계의 측면에서도 매우 실용적이고 탁월한 선택이다.

물론 감사를 방해하는 마음의 작용도 분명히 있다. 그중 대표적인 두 가지는 다음과 같다.

첫째는 남에게 대접받고자 하는 마음과 그로 인한 교만함이다. 이런 태도는 타인의 배려나 도움, 섬김을 당연하게 여기게 만들고, 감사를 인식하거나 표현하는 감각을 무디게 한다.

'나는 이 정도는 받아도 되는 사람'이라는 마음이 쌓이면, 감사할 기회가 있었음에도 자연스럽게 넘겨 버리게 된다. 감사는 누군가의 선의를 특별하게 받아들이는 마음에서 시작되는데, 교만은 그것을 가로막는다. 이런 사람들은 마음속에 분이 많다.

둘째는 '내 일이 꼭 잘 풀려야 한다.'라는 강한 기대감이다. 모든 일이 뜻대로 되어야 한다는 생각은 작은 변수에도 쉽게 실망하거나 불만을 느끼게 만든다. 작은 변수에도 예민해지고 쉽게 화가 나게 된다.

'내가 하는 일은 잘되어야 해.', '내 팀은 잘되어야 돼.'와 같은 근거 없는 기대감은 지금 누리고 있는 것들을 부정하게 하고, 감사의 시야를 흐리게 한다. 감사는 내가 바라는 결과가 나왔을 때에만 가능한 것이 아니라, 예상과 다른 상황 속에서도 무엇을 배우고 있는가를 보는 시선에서 비롯된다.

감사는 누구나 가질 수 있는 능력이다. 그러나 스스로 그 능력을 훈련하려는 의지가 없다면 점점 삶의 긍정적인 면을 인식하기가 어려워진다. 오늘 하루, 감사할 수 있는 단 한 가지 이유만 떠올려보자. 그 작은 실천이 지금 이 순간을 바라보는 해석의 틀을, 그리고 삶 전체를 바라보는 관점을 조금씩 바꾸어 갈 것이다.

나를 가장 먼저 가로막는 말, '난 못해'

나 자신을 지키는 가장 좋은 방법, 말조심

나는 가정에서, 한국대학생인재협회에서, 교회에서, 그밖의 다양한 공간 속에서 누군가에게 동기 부여를 할 기회를 자주 갖는다. 하지만 모든 사람이 그 메시지를 기꺼이 받아들이는 것은 아니다. 특히 "무언가를 이루기 위해서는 대가를 치러야 한다."라는 이야기를 꺼낼 때면 공감은 하면서도 곧장 물러나는 이들이 있다.

"멘토님이니까 하시는 거예요. 저는 못해요."

이렇게 말하는 순간, 나는 그들이 자기 자신을 얼마나 쉽게 포기하고 있는지를 본다. 그리고 그 말이 얼마나 위험한지를 느낀다.

나는 결코 대단한 사람이 아니다. 인내를 잘하는 성격도 아니고, 처음부터 모든 일이 잘되던 사람도 아니었다. 그저 힘든 순간마다 울며 기도하고, 스스로를 다잡으며 하루하루를 버텼다. 때로는 주변에서 힘들면 그만둬도 된다고 하는 말이 위로처럼 들릴 때도 있었지만, 그런 말을 반복해서 듣다 보면 결국 어떤 일도 끝까지 해낼 수 없다는 것을 알게 되었다. 그래서 나는 오히려 그런 말들로부터 거리를 뒀다. 나를 주저앉히는 말은 따뜻한 위로가 아니라, 나의 가능성을 가로막는 독이 될 수 있다는 것을 깨달았기 때문이다.

많은 사람들이 "저는 못해요."라고 말한다. 하지만 그 말을 들여다보면 실제 근거가 거의 없다. 대부분 과거에 자신이 실패했거나 부족함을 느꼈던 경험에서 비롯된다. 예를 들어 학창 시절에 발표를 잘 못했다고 해서 지금도 발표를 못하리라는 법은 없다. 사람은 변하고, 배우고, 성장하는 존재다. 과거는 현재의 가능성을 결정짓는 기준이 아니다. 따라서 "저는 못해요."라는 말은 사실이 아니라, 무의식적인 자기 제한에 가깝다. 그 말이 반복되면 뇌는 그 말을 진실로 받아들이고, 도전하기도 전에 물러서게 된다.

그래서 나는 자신에게 가장 먼저, 그리고 가장 자주 들려주는 말에 주의하라고 말하고 싶다. 어른이 되면 누군가에게 칭찬받을 기회가 현저히 줄어든다. 그렇다면 자기 자신이라도 스스로를 격려해야 하지 않을까?

"할 수 있어."

"잘하고 있어."

"조금씩 성장하고 있어."

이런 단순한 말이 하루를 버티는 힘이 되기도 한다. 반면에 "난 안 돼.", "난 못해."라는 말은 자기 자신을 향한 무심한 폭력이 될 수 있다.

한번 생각해 보자. 만약 누군가가 내 아이를 향해 "쟤는 못해요.", "얘는 안 돼요."라고 말한다면, 그 아이는 어떤 마음이 들까? 상처받고, 자신감을 잃고, 어떤 일이든 시도조차 하지 않게 될 것이다. 그런데 우리는 그런 말을 자기 자신에게 너무 쉽게, 너무 자주 하고 있, 그것도 아무렇지 않게. 그렇게 무심한 말 한 마디가 자신의 가능성을 계속해서 가로막고 있는지도 모르는 채 말이다.

스스로에게 긍정적인 말을 해보자. 말투를 억지로 바꾸라는 뜻이 아니다. 마음속에 있는 가능성을 입 밖으로 꺼내는 연습이을 하라는 뜻이다.

"지금은 부족하지만 계속하면 나아질 거야."

"처음이니까 당연히 어렵지."

"다른 사람도 이렇게 시작했겠지."

이런 말들이 반복되다 보면 마음이 열리고, 용기가 자란다. 그런 말들이 우리를 한 걸음씩 앞으로 나아가게 한다.

결과가 기대만큼 나오지 않더라도 낙심하지 말자. 노력한 과정은 절대 헛되지 않는다. 원하는 결과를 얻지 못한 순간조차, 우리는 배우고 성장한다. 경우의 수를 하나 더 확보한 것이다. 실패는 마이너스가 아니라 또 다른 가능성의 지도이다.

말은 생각을 바꾸고, 생각은 삶을 바꾼다. 우리가 우리 자신을 향해 어떤 말을 하느냐는 인생의 방향을 결정짓는 중요한 선택이 된다. 자기 자신을 응원하는 말, 격려하는 말을 더 많이 하자. "난 못해"라는 말은 이제 내려놓자. 나를 가장 먼저 가로막는 말에서 벗어나 나를 가장 먼저 지지하는 사람이 되자. 그것이 우리가 우리 자신을 지키는 첫 번째 방법이다.

돈을 어떻게 쓰는지가
당신을 말해 준다

사람은 결국 계산 너머에서 평가된다

사회생활을 하다 보면 어느 순간 깨닫게 된다. 돈은 단순히 생활비를 감당하는 도구가 아니라는 것을. 돈은 때로 그 사람이 가진 마음의 크기와 관계에 대한 태도가 고스란히 드러나는 수단이 되기도 한다.

예를 들어 보자. 한국대학생인재협회에서 지금은 멋진 실무진으로 성장한 리더 한 명이 있다. 그는 대학 2학년 때부터 활동을 시작했는데, 가정 형편이 넉넉하지 않았음에도 팀원 시절부터 매주 비타민 음료 한 박스를 사 들고 와 멘토님, 국장님, 동료들을 챙겼다. 실무진이 된 지금도 아이스크림이나 시원한 음료를 사 들고 와 멘토님과 동료 리더들, 대학생들을 따뜻하게 챙긴다. 역시 그는 직장에서도 사랑받으며 일하고 있다. 관계에 있어 지혜

기회를 부르는 1%의 법칙

롭게 흘려보낼 줄 아는 태도는, 사람 사이를 부드럽고 유연하게 만드는 윤활유가 된다.

사람의 진심은 때로 말보다 작은 물질의 표현을 통해 더 선명하게 전해진다. 물론 돈으로 마음을 재자는 말은 아니다. 오히려 그 반대이다. 진심은 거창한 선물이나 큰 금액보다 작더라도 '표현하려는 마음'에서 비롯된다.

건강한 물질관이란 이런 것이다. 자기 수입의 100%를 자신만을 위해 쓰지 않고, 일부는 관계를 위해 흘려보낼 줄 아는 자세, 마치 매달 일정 금액을 저축하듯 감사와 존중을 담은 '관계 저축'도 필요하다. 그렇게 마음을 흘려보내는 사람이 결국 사람도, 기회도 오래 곁에 둘 수 있다.

더하여, 인생에는 회수할 수 없는 지출도 있다는 사실을 받아들일 필요가 있다. 일례로 퇴사를 앞두고 있을 때 팀원이 결혼을 한다면 부조를 해야 할까? 나는 해야 한다고 생각한다. 사회생활을 하다 보면, 돌려받지 못할 줄 알면서도 기꺼이 내는 돈이 있다. 인간관계는 생각보다 복잡하고, 단순한 일대일 정산만으로 정의할 수 없다. 그런 상황에서는 지금껏 내가 받은 수많은 은혜와 배려를 '순환'시킨다고 생각하는 것이 좋다.

우리는 종종 이렇게 말하며, 감사 표현을 생략한다.

"나는 학생이니까."

"형편이 어려우니까."

"작은 선물은 드려봤자 티도 안 나니까."

"저 분은 필요한 게 없을 것 같아서."

"저 분은 잘사니까."

물론 그때그때 사정은 있을 수 있다. 하지만 감사를 생략하고 지나가면, 상대는 당신의 형편을 이해하면서도 한편으로는 서운함을 느낄 수 있다. 오해는 그렇게 시작된다. 커피 한 잔, 짧은 손편지, 기프티콘 하나만으로도 감사를 표현할 수 있다. 감사의 표현을 생략하지 않는 것, 그것이 관계를 풀어 내는 비결이다.

또한, 지금 당신이 누군가에게 더 많은 배려와 도움을 받고 있는 위치라면, 그 관계를 절대 '당연한 것'으로 여기지 말아야 한다. 감사는 가진 것의 유무가 아니라, 보답하고자 하는 마음에서 비롯된다. 물론 감사를 받는 사람의 태도도 중요하다. 선배니까, 부모니까, 스승이니까 당연히 대접받아야 한다고 생각하는 마음은 위험하다. 감사는 어디까지나 자발적인 마음의 열매이다. 어떤 인사나 선물을 '당연한 보답'처럼 받아들이는 순간, 그 마음은 교만으로 흐르기 쉽다. 남에게 대접받고자 하는 마음이 깊어질수록 상대에 대한 서운함은 잦아지고, 관계는 금세 흔들리게 된다.

단순히 '돈'에 대해 이야기하는 것이 아니다. 나는 사람의 마음이 어떻게 흐르고, 그것이 어떻게 관계 속에서 물질이라는 도구로 표현되는지를 이야기하고 싶었다. 사람은 결국, 계산 너머에서 평가되는 법이다.

3장

조직에서
오래 가는 사람의 비결

더하기를 못하면서
곱하기를 할 수 있다고?

큰일을 할 기회를 달라고 하기 전에 작은 일부터 증명하라

요즘 대학생들과 함께 일하다 보면, 종종 현실을 직시하지 못하는 모습을 발견하게 된다. 한국대학생인재협회에서는 실무진들로부터 대학생들이 기획, 마케팅 실무 교육과 피드백을 받으며 실제로 공식 유튜브, 인스타그램, 블로그 채널을 운영해 본다. 이들은 마케팅 기획부터 콘텐츠 제작, 게시물 업로드, 성과 분석까지 전 과정을 실무처럼 경험한다.

그런데 어떤 학생들은 이런 기회를 단순히 콘텐츠 몇 개 올리는 일로 여기며, 자신이 하고 있는 일의 무게를 가볍게 생각한다. 심지어 유튜브나 인스타그램에서 수백만 구독자를 보유한 채널을 보며, 자기도 쉽게 도달할 수 있을 것처럼 착각하기도 한다. 자신의 미비한 마케팅 실력과 기획 역량은 성찰하지 않은 채, 이전 팀이 달성한 몇 백 건에서 많게는 몇 만 건의 조회 수를 하찮게 여기기까지 한다.

그런 성과가 시시하다고 여기는 이들에게 묻고 싶다. 지금 당장 수백만 구독자를 보유한 유튜브 채널에 들어가 원하는 성과를 직접 만들어 낼 수 있는가? 현실은 그렇지 않다. 이런 태도를 가진 학생들은 대부분 자신의 부족함을 돌아보지 못하고, 목표만 크게 잡으면서도 구체적인 실행력과 끈기는 부족한 경우가 많다. 팀과 협업하는 과정에서도 불만이 많고, 어려움을 극복하기보다는 환경을 탓하는 경향이 짙다.

반면, 성숙한 마인드를 가진 학생들도 있다. 이들은 자신이 아직 경험이 없고 실력이 부족하다는 사실을 인정하며, 그럼에도 불구하고 한대협의 공식 채널을 직접 운영해 볼 수 있는 기회 자체에 감사한다. 단순히 결과물만 소비하는 것이 아니라, 콘텐츠 기획부터 촬영, 편집, 업로드, 홍보까지 온라인 채널이 성장하는 전 과정을 몸소 겪으며 배우고자 한다.

이들에게는 잘하고 싶다는 마음보다 배우고 싶다는 태도가 강하게 나타나고, 이는 자연스럽게 긍정적인 에너지와 단단한 팀워크로 이어진다. 이들은 한대협 채널을 마치 작은 실험실처럼 다루며, 실제 브랜드가 성장해 가는 과정을 스스로 설계하고 경험해 보는 데에서 보람을 느낀다. 이런 사람이 언젠가 진짜로 자신만의 채널과 브랜드, 조직을 만들어 낼 가능성이 크다.

기회가 없다고 불평하기 전에 자신의 역량을 냉정하게 살펴보라. 먼저 작은 성공을 경험하고, 그것을 발판 삼아 더 큰 도전에 나서야 한다. 덧셈을 익히고 나서야 그 원리를 활용해 곱셈을 배울 수 있는 것 아니겠는가?

하지만 많은 이들이 더하기도 제대로 못 하면서 곱하기를 하게 해주지 않는다고 불평하기 바쁘다. 작은 성취를 경시하지 말고, 그 안에서 배우고 성장하는 태도를 가져야 한다. 큰일을 해낼 기회를 얻기 전에, 작은 일을 잘하는 것을 먼저 증명하라.

이런 현상은 비단 대학생들만의 이야기가 아니다. 기회가 없다고 투정하는 모든 사람들에게 묻고 싶다. 지금 자신에게 맡겨진 일을 제대로 해내고 있는지 말이다. 대학생들에게 자주 들려주는 명언이 있다.

> "신발을 정리하는 일을 맡았다면, 신발 정리는 세계에서 제일 잘할 수 있는 사람이 되어라. 그러면 세상은 당신을 신발 정리만 하는 심부름꾼으로 놔두지 않을 것이다."
>
> -고바야시 이치조, 일본 한큐 철도의 설립자

정말 그렇다. 많은 사람들은 자신이 맡은 작은 일들을 하찮게 여기고 무의미하다고 생각한다. 하지만 작은 일을 대하는 태도가 결국 더 큰 기회를 부른다. 기회가 없는 것이 아니라, 기회를 알아보지 못하고 있는 것일지도 모른다. 지금 주어진 일을 세계에서 제일 잘해 보자. 그런 사람에게 더 큰일을 맡기고 싶어지는 것이 세상의 이치다.

　큰일을 이루고 싶은가? 그렇다면 더하기를 먼저 배우라. 하나하나의 작은 노력이 쌓여야 비로소 곱하기를 할 수 있는 날이 온다. 먼저 작은 일을 완벽하게 해내고, 그다음 더 큰 기회를 요구하라. 진정한 기회는 그렇게 찾아오는 법이다.

팔로워십은
수동이 아니다

주체적으로 따를 줄 아는 사람이 진짜 리더다

한국대학생인재협회에는 팀을 이끄는 팀장이 있고, 팀장을 서포트하는 부팀장, 그리고 팀원이 있다. 이 중 부팀장과 팀원의 자리는 팔로워십을 가장 깊이 있게 실천할 수 있는 자리다. 실제로 팀장들이 입을 모아 칭찬하는 부팀장들을 보면, 단순히 시킨 일만 수행하는 데 그치지 않는다. 그들은 일을 전체적으로 바라보며, 흐름에 맞춰 자신이 해야 할 일을 먼저 찾아 주도적으로 움직인다. 회의 중에도 늘 긍정적인 분위기를 조성하고, 리더가 말하지 않아도 필요한 것을 먼저 챙긴다. 이러한 태도를 가진 사람은 다음 기수에서 팀장으로 추천되는 일순위가 된다.

최근에 팀장으로 선발된 학생 중에 팔로워십의 좋은 본보기가 되는 친구가 있었다. 그는 기본부터 충실히 지켰다. 단 한 번의 지각이나 결석 없이 팀 모임에 빠짐없이 참석했고, 팀 회의가 길어질 것을 대비해 주말 일정도 조율하며 팀 활동에 집중하는 모습을 보여 주었다. 맡은 역할을 성실히 수행하는 것은 물론, 기획 회의를 앞두고 필요한 레퍼런스 자료를 자발적으로 찾아오는 준비성도 있었다. "OO 님, 제가 도와드릴 건 없나요?"라는 말이 입에 붙은 사람이었다. 항상 긍정적인 표정과 겸손한 태도로 팀 분위기를 부드럽게 만들었고, 함께 일하는 이들에게 자주 감사를 표현했다. 그의 모습은 누가 봐도 '리더가 되어야 할 사람'이라는 인상을 주기에 충분했다.

한편, 부팀장과 팀장 모두가 칭찬하는 팀원들에게도 공통된 특징이 있다. 이들은 맡겨진 업무를 마감 기한 전에 스스로 마무리하고, 먼저 피드백을 요청하며 그 피드백을 열린 자세로 수용한다. 몇 번의 피드백을 거치고 나면 리더의 의도를 빠르게 파악해, 이후에는 매우 높은 완성도로 자신의 업무를 해낸다. 프로젝트나 회의 중에도 적극적으로 질문하고, 주변 사람이 힘들어 보이면 먼저 도와주려 한다. 늘 긍정적인 태도로 팀 전체의 분위기를 밝게 만든다.

이들의 공통점은 분명하다. 수동적으로 따르지 않고, 적극적이며 주도적인 태도로 팀에 기여한다는 점이다. 단순히 '잘 따르는 사람'을 넘어, '함께 책임지는 사람'이자 '일의 흐름을 읽고 앞서 움직이는 사람'이다. 때로는 리더보다 더 리더십 있는 모습으로 팀을 이끌기도 한다.

팔로워십은 '말 잘 듣는 사람'이 되는 것이 아니다. 오히려 그 반대다. 리더의 말을 그대로 옮기는 데 머물지 않고, 그 안에 담긴 목적과 의미를 먼저 파악한다. 그리고 그 의미가 실현되도록 자신의 역할을 창의적으로 해석하고 실행한다. 그렇게 팔로워는 조직의 완성도를 높이는 숨은 조력자가 된다. 그리고 그 과정에서 가장 빠르게 성장하는 사람은 리더가 아니라 팔로워일 때가 많다.

진짜 팔로워는 다음과 같은 태도를 지닌다. '왜 이렇게 하라고 하셨을까?'를 먼저 생각하며, 맡은 일의 맥락과 의미를 스스로 고민한다. 필요한 피드백은 리더에게 건강하게 요청하고, 리더의 부족한 부분을 지적이 아닌 보완으로 채운다. 결과에 대해서도 책임을 회피하지 않고, 자발적으로 짊어진다. 이러한 팔로워는 단순히 '일을 잘하는 사람'이 아니라 신뢰를 주는 사람이며, 리더가 가장 의지할 수 있는 동역자다.

팔로워십이 건강하게 기능하려면 분별력이 필요하다. 리더의 말이라고 해서 무비판적으로 따르는 것이 아니라, 그 결정이 잘못되었을 때에는 조심스럽고도 진심 어린 태도로 "이 부분은 다시 생각해 보면 어떨까요?"라고 제안할 수 있어야 한다. 그런 팔로워는 리더의 부족함을 채워 줄 뿐 아니라, 팀 전체를 건강하게 만든다. 그리고 리더보다 더 리더다운 존재로 팀을 빛나게 한다.

기회를 부르는 1%의 법칙

팔로워는 결코 리더의 그림자가 아니다. 팔로워 역시 또 하나의 리더이다. '리더가 되지 못해서'가 아니라, '팀 안에서 내 몫 이상을 감당하기 위해서' 우리는 팔로워십을 고민하고, 성장시켜야 한다. 주체적으로 따르고, 주도적으로 움직일 줄 아는 사람, 그 사람은 어디에서든 깊은 신뢰를 받는다.

남이 시켜서
일하는 게 아니다

분명 자기 의지로 시작했는데, 남이 시킨 것처럼 일하는 사람들

한국대학생인재협회에서 한 기수를 처음 시작할 때 나는 종종 이런 말을 한다.

"분명 본인이 원해서 지원서를 제출하고, 면접을 보고, 교육을 받아 지금 이 자리에 앉아 있는 것입니다. 그 의지와 노력을 끝까지 유지해 주세요. 자신이 선택한 것인데 마치 남이 시켜서 하는 것처럼 태도가 바뀌지 않았으면 좋겠습니다."

지원서나 면접에서는 열심히 하겠다, 배우겠다는 의지를 보이지만, 약 80%의 대학생들은 그 초심을 끝까지 유지하지 못한다. 그래서 한대협에서는 매주 '리더십 마스터 클래스'라는 전사 교육을 통해 일과 조직에 임하는 올바른 태도와 마인드에 대해 알려 주고 있다. 팀워크를 해치는 문제 행동이 포착되면 개인적으로 코칭을 하기도 한다. 이러한 교육과 코칭이 없으면 대부분의 학생들은 처음 가졌던 마음가짐을 유지하지 못하고 금세 원래의 태도로 돌아가고는 한다. 특히 자기 주관이 강하거나, 부정적인 성향을 가진 사람일수록 그런 변화가 더 빠르게 나타난다.

내가 대학생이었을 때도 비슷한 일이 있었다. 동기 중 한 명은 자신이 원하는 대학에 떨어져 어쩔 수 없이 이 학교에 다니게 됐다며 늘 불평을 늘어놓았다. 사실 나도 그랬다. 그러나 원하던 대학에 가지 못했지만, 나는 이렇게 생각했다.

'내가 바라던 대학보다 레벨을 낮춰서 들어왔으면 여기서라도 1등을 해야 후회가 없겠지. 그리고 인생은 끝까지 가 봐야 아는 것이고, 결국 스스로 책임지고 해내는 거야.'

그런 생각으로 학업에 임했고, 결과적으로 학점 4.5점 만점에 4.4점으로 수석 졸업을 했으며, 4학년 1학기에 조기 졸업도 가능했다. 1학년 때부터 자기 계발에 소홀하지 않았고, 대외 활동과 인턴을 통해 조직 경험과 실무 역량을 꾸준히 쌓으며 시간을 보냈기에 SKT 자회사의 전략기획실에서 커리어를 시작할 수 있었다.

이 모든 경험을 통해 내가 확신하게 된 사실은, 어떤 조직이든 그곳에 임하는 '마음가짐'이 정말 중요하다는 것이다. 부정적인 사고방식은 조직에 적응하는 데 전혀 도움이 되지 않는다. 몰입을 방해하고, 결국은 본인의 시간과 기회를 스스로 놓치게 만든다. 반면, 어떤 사람은 빠르게 조직에 적응하고 몰입하면서도 꾸준한 성장을 이룬다. 시간이 쌓이면 이 둘의 차이는 실력으로 드러난다. 그러니 늘 기억하자, 그 조직을 먼저 찾은 건 나 자신이라는 사실을. 내가 선택한 일이라면, 끝까지 책임지고 멋지게 해내는 것이 바람직하다. 남이 시켜서 마지못해 하는 듯한 태도는 스스로를 작아지게 만들 뿐이다.

이런 태도를 지키는 방법은 크게 두 가지이다.

첫째, 그곳이 나를 받아 줬다는 사실에 감사하는 마음을 유지하는 것이다. 시간이 흘러도 그 사실을 종종 상기해 보자. 수많은 지원자 중 나를 선택해 준 곳이라는 점에 의미를 두고, 그 기대에 보답하겠다는 마음으로 일하면 자연스럽게 몰입하게 된다. 결국 그 태도는 실무 역량은 물론이고 내 인생 전체에 좋은 영향을 준다.

둘째, 조직의 단점보다는 장점을 바라보는 습관을 들이는 것이다. 장점을 찾을 때에는 작게 나누어 생각해 보자. 리더, 동료, 교육, 프로젝트, 시스템, 문화 등으로 쪼개 보면 각 요소마다 배울 점이 보이기 시작한다. 맡은 업무도 나눠서 적어 보면, 내가 새롭게 도전하고 있거나 전문성을 높이고 있는 영역이 있다는 것을 인식할 수 있다. 반대로 단점은 더 넓은 시야에서 바라보자. 완벽한 개인이 없듯, 완벽한 조직도 없다. 조직 역시 시간이 지나면 성장하고 변화할 수 있다는 믿음을 갖자.

조직의 단점을 지적해도 되는지 질문을 받을 때면 나는 늘 이렇게 답한다. "가능하다, 하지만 타이밍이 중요하다." 신뢰가 충분히 쌓이기 전, 즉 조직에 들어간 지 얼마 되지 않아 부정적인 소통을 하는 것은 좋은 인상을 주기 어렵다. 사회에서도 "처음 3년은 묵언 수행을 하라."는 말이 있다. 신뢰가 쌓이고 서로를 '한 팀'으로 받아들이게 되었을 때가 비로소 조직에 대해 말할 수 있는 적기다. 비판은 조직을 성장시킬 수 있지만, 그것이 관계를 망치지 않으려면 그만한 바탕이 필요하다.

한대협도 마찬가지다. 완벽한 조직은 아니다. 하지만 분명한 장점이 있다. 많은 학생들이 한대협 활동을 마치고 나서 이렇게 말한다.

"실무도 배웠지만, 사람으로서 더 많이 성장했어요."

이 조직의 가장 큰 장점은 바로 실무 역량뿐 아니라 리더십과 인성 훈련이 동시에 이뤄진다는 점이다. 단순히 일만 잘하게 되는 것이 아니라, 일에 임하는 태도, 사람을 대하는 마음가짐, 책임감과 감정 조절, 협업하는 방식 등 진짜 조직 생활에 필요한 덕목들을 훈련하게 된다. 특히 팀장을 경험한 학생들은 수많은 갈등과 결정, 실패와 책임의 순간을 겪으며 내면이 단단해졌다고 말한다. 한대협에서의 리더십 경험이 첫 사회생활보다 더 치열했다고 말하는 학생도 많다.

실무 경험도 남다르다. 콘텐츠 마케팅, 행사 기획, 팀 운영, 채용 실무 등 실제 조직 운영의 전 과정을 맡아 직접 경험할 수 있다.

단지 시키는 일을 수행하는 것이 아니라, 스스로 기획하고, 실행하고, 성과를 분석하고, 피드백을 받는 전 과정을 직접 이끌어 간다. 한대협은 이렇게 일반적인 대외 활동이나 인턴십보다 훨씬 깊이 있는 역량 훈련이 가능한 곳이다.

더불어, 이 조직은 사람을 남긴다. 나이, 학교, 배경을 넘어서 비슷한 방향성을 가진 이들이 모여 서로를 돕고 응원하며 진심 어린 관계를 만들어 간다. 활동이 끝난 뒤에도 서로의 진로와 삶을 응원하는 평생의 동료가 되기도 한다. 실무와 사람, 두 축 모두에서 진짜 경험과 연결이 이뤄지는 곳, 그곳이 바로 한대협이다.

물론 단점도 있다. 비영리 청년 조직인만큼 시스템이나 지원 인프라가 완벽하다고 보기 어렵다. 아울러 리더에 따라 운영 품질이 다소 달라지기도 한다. 그러나 그런 환경 속에서 자신의 주도성과 책임감을 키우면, 오히려 더 강한 사람으로 성장할 수 있다. 부족한 시스템이 반드시 단점만은 아니라는 얘기다.

가끔은 한대협의 미래에 대해 생각해 보기도 한다. 외적인 화려함은 없을지 몰라도, 내면의 성숙과 실질적인 역량을 함께 키우는 조직은 흔치 않다. 그런 점에서 한대협은 앞으로도 '사람을 남기는 조직'으로 충분히 성장할 수 있다고 믿는다. 그리고 나는 지금 이 조직에서 그 일을 하고 있다. 누가 시켜서가 아니라, 내가 선택한 일이기 때문에 더 진지하게 몰입하고, 책임감 있게 일하고 있다. 내가 받은 기회와 맡은 역할에 진심으로 감사하며, 이 일을 내 삶의 중요한 일부로 여기고 있다.

결국 중요한 것은 이것이다. 내가 시작한 일, 내가 선택한 자리라면, 마치 누가 시켜서 하는 것처럼 행동하지 말아야 한다는 것이다. 그것은 나를 작아지게 만들 뿐이다. 주도적으로 움직이고, 자발적으로 책임지자. 그래야 시간이 흐른 뒤, 그때 정말 잘했다고 말할 수 있지 않을까.

조직을 떠나는 사람과
남는 사람의 차이

헌신할수록 의미가 깊어지고, 교제할수록 관계가 단단해진다

한국대학생인재협회를 운영한 지 거의 20년이 다 됐다. 그동안 수많은 실무진이 배출되었고, 그들 중 일부는 지속적인 열정으로 헌신하며 협회 발전에 기여했다. 그러나 중간에 열정이 식거나 개인 활동을 우선하게 되면서 결국 조직을 떠난 실무진들도 많았다. 그들의 특징을 분석하며 어느 공동체에서든 지속적으로 활동하기 위해서는 헌신과 교제가 필수적임을 깨달았다.

헌신은 단순히 시간을 투자하는 것이 아니라, 자신의 에너지를 조직의 발전과 성장을 위해 적극적으로 사용하는 것을 의미한다. 한대협에서 꾸준히 활동하는 사람들을 보면, 초기에는 단순한 관심으로 시작했지만 점차 책임을 맡고 더 깊이 관여하면서 조직과 함께 성장했다. 이런 사람들은 시간이 지날수록 보람

기회를 부르는 1%의 법칙

을 느끼며 자신의 역할에 대한 의미를 찾았다. 조직을 성장시키기 위해서는 자신의 리더십, 인성, 실력 등을 지속적으로 갈고닦아야 하기에, 자연스럽게 조직의 성장과 함께 자기 자신도 성장하는 것을 경험한다. 그리고 조직이 발전하는 모습을 지켜보면서 단순한 만족감을 넘어, 마치 자신의 일이 성취된 것 같은 깊은 보람을 느낀다. 이는 단순한 활동 참여가 아니라, 조직과 운명을 함께하며 만들어지는 진정한 성취감이다.

반면, 조직에 대한 기여 없이 단순한 경험이나 이력을 쌓기 위해 참여한 사람들은 시간이 지나면서 점점 흥미를 잃고 떠났다. 또한, 일부는 조직 내에서 헌신하지 않는 시간이 길어질수록 초심을 잃고, 조직에서 자신의 역할과 가치를 찾지 못하게 되면서 점점 활동의 의미를 상실하게 되었다. 이들은 점점 조직과 정서적 거리감이 생기고, 결국 공동체와의 연결 고리가 약해지면서 자연스럽게 조직에서 멀어졌다.

헌신만큼 중요한 것이 교제이다. 교제는 단순히 사람들과 친분을 쌓는 것이 아니라, 공동의 목표를 향해 함께 고민하고 삶을 진실하게 나누며 전 인격적으로 성장하는 과정이다. 한대협에 오래 남아 있는 사람들을 보면, 단순한 업무적 관계를 넘어 서로를 신뢰하고 협력하는 강한 네트워크를 형성하고 있다. 이들은 개인적인 고민과 삶을 가감 없이 나누며, 서로 따뜻하고 진정성 있는 유대관계를 맺고 있다. 이러한 관계는 단순한 친분을 넘어서 서로의 성장을 도우며, 심리적 안정감을 제공하는 든든한 공동체로 발전한다.

조직에 오래 남지 못한 사람들의 공통점 중 하나는 깊이 있는 관계를 맺지 않았다는 점이다. 이들은 업무적인 협업을 할 때에만 얼굴을 보거나 피상적인 관계를 유지하는 경우가 많았고, 그 결과, 정서적인 유대감이 생기지 않았다. 조직의 구성원들과 교제하지 않으면 소속감을 느끼기 어렵고, 결국 조직에서 멀어지게 된다.

하지만 헌신과 교제는 자연스럽게 지속되지 않는다. 바쁜 일상 속에서 우선순위가 변하거나, 개인적인 목표가 달라질 수 있기 때문이다. 그렇다면 어떻게 헌신과 교제를 지속할 수 있을까?

첫째, 자신만의 의미를 찾아라. 헌신은 강요에 의해 지속되는 것이 아니라, 자발적인 참여에서 나올 때 의미가 깊어진다. 내가 조직을 통해 달성하고자 하는 가치를 명확히 설정하고, 그것이 지속적인 동기 부여가 되도록 만들어야 한다. 조직에 대한 기여가 개인의 성장과 연결될 때 헌신은 자연스럽게 이어진다.

둘째, 목표를 명확히 설정하라. 단순히 습관적으로 활동하는 것이 아니라, 조직에서 자신의 성장과 기여 방향을 명확히 정해야 한다. 그리고 이를 지속적으로 상기시키며 발전시켜 나가는 것이 중요하다. 조직 내에서 나의 역할과 기대하는 목표를 정기적으로 점검하면 방향성을 잃지 않고, 꾸준히 헌신할 수 있다.

셋째, 작은 성취를 기록하고 느껴라. 헌신의 과정에서 크고 장기적인 목표만 바라보면 쉽게 지칠 수 있다. 작은 역할이라도 자신이 수행한 일들과 그 과정을 통해 나 자신이 성장한 점, 나의 헌신으로 인해 타인 또는 조직이 성장한 점, 감사한 점 등을 기록하는 습관을 들이면 지속적인 동기 부여가 된다. 작은 성취를 인식할 때 헌신의 과정 자체가 즐거워질 수 있다.

넷째, 함께하는 사람들과 정기적으로 교류하라. 단순한 업무적 관계를 넘어서 인간적인 교류를 지속해야 한다. 정기적인 만남이나 대화를 통해 신뢰를 쌓으면 조직에 대한 애착도 커지고, 공동체에 대한 소속감도 강해진다. 깊이 있는 관계는 헌신을 지속할 수 있는 강력한 원동력이 된다.

조직은 나의 성장과 성취의 도구에 그치지 않으며, 내가 함께 세워 가는 공동체이다. 헌신과 교제가 지속될 때 조직도 성장하고, 개인도 함께 성장할 수 있다. 단순히 이력서에 남길 경험이 아니라, 공동체를 통해 의미를 찾고, 관계 속에서 성장하는 기회를 놓치지 말아야 한다. 조직을 떠나는 사람과 남는 사람의 차이는 단순한 역량이 아니라, 헌신과 교제의 깊이에서 비롯된다. 헌신 없는 자리에는 보람이 없고, 교제 없는 관계에서는 소속감을 느낄 수 없다. 지속 가능한 공동체 생활을 원한다면, 헌신하고 교제하는 습관을 길러야 한다.

동기는 승진했는데 나는?
성장하는 사람의 선택

승진이 목표가 아닌, 성장하는 리더가 되기 위한 태도

한국대학생인재협회도 작은 사회다. 팀장 자리를 두고 대학생들 간에 눈에 보이지 않는 경쟁이 치열하다. 팀장직은 한 팀의 운명을 좌우할 수 있는 중요한 자리이며, 그 책임감 덕분에 리더십과 프로젝트 역량을 최고 수준으로 끌어올릴 수 있는 기회이기도 하다. 또한, 팀장이 된다는 것은 조직으로부터 신뢰를 받는다는 증거이며, 취업에 있어서도 보다 전문적이고 실질적인 도움을 받을 가능성이 높아진다. 그러나 현실적으로 팀장의 자리는 제한적이고, 조직 입장에서 충분히 준비된 인원 또한 한정적이다. 이에 내 옆의 동기 혹은 후배가 팀장으로 승진했지만, 나는 승진하지 못했을 때 이를 어떻게 받아들이고 성장과 성숙의 기회로 삼을 수 있을지 이야기해 보고자 한다.

승진하지 못했을 때 가장 먼저 드는 감정은 아쉬움과 실망일 것이다. 좌절감이나 불공평하다는 생각이 들 수도 있다. 이러한 감정을 억누르거나 부정하기보다는 인정하고 정리하는 것이 중요하다. 감정을 솔직히 마주하되, 그것에 매몰되지 않도록 해야 한다. '왜 나는 승진하지 못했을까?'라는 질문을 던지기보다는 '이 상황에서 내가 배울 점은 무엇일까?'라고 사고를 전환하기를 바란다.

승진한 사람과 자신을 비교하기보다는 자신의 강점과 보완할 점을 분석하는 것이 더 의미 있는 접근이다. 승진은 단순한 능력 문제가 아니라 조직의 필요, 타이밍 등 다양한 요인이 복합적으로 작용한 결과이다. 따라서 승진하지 못한 것이 반드시 자신의 능력 부족을 의미하는 것은 아니다. 현재의 자리에서 최선을 다하며 자기 역량을 키우는 것이 가장 현명한 대응법이다.

한대협에서 팀원과 부팀장으로 경험을 쌓으며, 1년여의 시간을 거쳐 결국 팀장이 된 학생이 있었다. 그는 초반에는 팀 내에서 다소 까다롭고 다루기 어려운 사람으로 인식되었다. 전반적으로 사고방식이 부정적인 편이었고, 회의 중에는 논쟁을 즐기는 태도 때문에 발언이 공격적으로 느껴지는 경우가 많았다. 상위 리더에게 사전 보고 없이 독단적으로 행동하기도 했고, 질문 자체는 순수한 궁금증에서 비롯된 것이었지만 타이밍이나 상황을 고려하지 못해 상대방이 불편하게 느낄 수 있는 표현을 쓰는 경우도 잦았다. 열정은 분명 있었지만, 그런 언행으로 인해 상위 리더들에게 신뢰를 얻지 못하는 상황이 지속되었다.

그런 그에게 나는 여러 차례 솔직한 피드백을 전했고, 실무진 리더들도 조언을 아끼지 않았다. 나는 그에게 신시아 샤피로의 『회사가 당신에게 알려주지 않는 50가지 비밀』이라는 책도 권했다. 조직 안에서의 커뮤니케이션이 단순히 말의 내용만이 아니라, 그 타이밍과 맥락, 말투와 뉘앙스까지 포함된다는 점을 알려주고 싶었기 때문이다.

처음에는 서툴고 답답했지만, 그는 피드백을 회피하지 않았다. 차츰 본인의 문제점을 인정했고, 말하는 방식과 태도, 협업하는 자세를 하나하나 개선해 나갔다. 특히 회의에서 말을 아끼고 경청하는 훈련을 하며, 공격적으로 보일 수 있는 언어 습관을 줄이고, 필요한 보고는 반드시 선보고-후진행의 원칙을 지키려 애썼다.

그렇게 1년의 시간이 지났다. 그리고 그 시간은 결코 헛되지 않았다. 그는 팀장 직급이 아니었음에도 실무진 국장에게 신뢰를 얻었고, 덕분에 다른 팀원들보다 먼저 취업 코칭의 기회를 얻었다. 현재는 대기업 인사팀 인턴으로 활동 중이며, 정식 채용을 앞두고 있다. 팀장으로 선발되었을 때에는 처음 팀장을 맡았음에도 불구하고 마치 여러 번 리더 역할을 해 본 사람처럼 조직을 이해하고, 팀을 이끄는 모습이 돋보였다. 그의 리더십은 단지 직책에서 온 것이 아니라, 수많은 피드백을 수용하고 자기를 조율해 온 태도에서 비롯된 것이었다.

이처럼 먼저 승진하는 것이 중요한 것이 아니라 조직이 요구하는 역량을 파악하고, 차기 기회를 준비하는 것이 중요하다. 승진에서 제외되는 것은 누구나 겪을 수 있는 일이며, 승진하지 못했다고 해서 기회가 완전히 닫힌 것은 아니다. 오히려 이는 더 큰 성장을 위한 과정일 수 있다. 다음 기회를 위해 지금부터 무엇을 준비해야 할지를 고민하고, 구체적인 실행 계획을 세우는 것이 필요하다. 리더십, 커뮤니케이션, 프로젝트 관리 역량을 강화하고, 더 많은 경험을 쌓는 데 집중하면 다음 승진 기회에서 더욱 강한 후보가 될 수 있다.

사실 리더십은 직급에서 나오는 것이 아니라 태도에서 비롯되는 것이다. 팀장이 아니더라도 자신의 역할 안에서 리더십을 발휘할 수 있다. 같은 팀 구성원을 적극적으로 돕고, 팀의 원활한 운영을 지원하며, 맡은 일을 철저히 수행하는 사람이 결국 리더로 성장한다.

승진은 단기적인 목표일 수 있지만, 리더로 성장하는 것은 장기적인 목표가 되어야 한다. 순간적인 승진보다 중요한 것은 지속적인 성장과 성숙이다. 이번 승진에서 제외되었더라도 앞으로 더 많은 기회가 있을 것이며, 지금의 경험이 결국 더 큰 성장으로 이어질 수 있다. 승진하지 못한 상황은 정체가 아니라 오히려 새로운 성장의 기회일 수 있다. 승진하지 못했을 때, 감정을 정리하고, 비교 대신 자기 성장에 집중하며, 조직의 관점을 이해하는 계기로 삼는다면 장기적으로 더욱 강한 리더로 자리 잡을 수 있을 것이다.

불평불만이 많은 사람과는
거리를 두자

조직과 사람에 대한 부정적인 이야기들은 몰입을 방해한다

어디든 늘 불평불만이 많은 사람들이 있다. 함께 일하는 리더, 동료, 팔로워들에 대해서 뒷담화를 하거나 소속된 조직, 환경 등에 대해 불만이 많은 사람들….

그들의 특징은 자신의 부정적 견해를 동료들과 팔로워들에게 말하고 다니면서 자신의 의견에 동의하는 리액션을 원한다는 점이다. 휴식 시간, 점심시간에 그 자리에 없는 사람을 헐뜯는 이야기가 차고 넘친다. 이러한 부정적 에너지에 자꾸 노출되다 보니, 원래 긍정적이었던 사람들도 점점 부정적 사고로 물드는 경우를 많이 보았다. 원래는 단순한 청자였던 사람들이 자기도 모르게 불평 불만이 많아져 부정적인 이야기를 설파하는 스피커가 되는 경우도 꽤 있다.

조직 또는 리더에 대해 부정적인 이야기를 하면서 그 순간 스트레스가 해소되는 느낌을 받을지라도, 사실 이런 일은 전혀 도움이 되지 않는다. 일하고자 하는 동기와 의욕을 감소시키고, 몰입을 방해하기 때문이다. 또한 불평과 불만이 쌓이고 쌓이면 팀워크에 균열이 생기거나 심각한 갈등이 생기기도 한다. 부정적인 말들에 멘탈 에너지가 고갈되고 좌절감, 답답함, 무기력함에 정신적으로 힘들어지는 경우도 많다.

이렇게 부정적인 사고는 나의 성장과 발전을 가로막는다. 자기가 통제할 수 있는 범위 안에서 문제를 해결하고, 상황을 개선할 수 있는 것들을 생각하기보다는 상대방과 조직 그리고 환경을 탓하며 불가능하다고 생각하게 된다. "열심히 해봤자 OO 때문에 안 돼."와 같은 부정적인 말은, 팀의 사기를 꺾으며 팀의 성장과 발전까지 가로막는다.

이런 사태를 방지하려면 어떻게 해야 할까? 현실적으로 생각해 보자. 일단 자신이 다니고 있는 회사 수준을 높여야 한다. 그 회사의 리더들이 우월감 또는 피해의식과 열등감이 많으면 그들의 경쟁심, 시기, 질투, 중상모략에 에너지가 소진되고 잔머리와 눈치만 늘 뿐, 실력은 늘지 않는다.

만약 그런 조직에서 일하고 있다면 부지런히 실력을 갈고닦아 빨리 그곳을 벗어나 일류 마인드로 일하는 인재들이 많은 곳으로 옮기기를 권한다. 수준 높은 정신문화를 가지고 있는 회사에 들어갈 수 있도록 자신의 커리어를 스스로 성장시켜야 한다.

다음으로, 부정적인 이야기가 오가는 자리는 피할 수 있다면 피하는 것이 좋다. 피할 수 없다면 스포츠, 사회, 연예, 재테크 등 사람들이 흥미 있어 할 만한 소재를 적극 제시함으로써 대화의 기류를 바꾸어 보기를 바란다.

혹시 굳이 자리를 피해야 하는지 되묻는 사람들이 있을 수 있다. 부정적인 이야기에 맞장구치지 않고 조용히 있어도 되지 않느냐며 말이다. 하지만 듣는 것만으로도 내 안에 있는 부정적 감정이 건드려지고 증폭되기 때문에 가능하다면 그 자리를 조용히 빠져나오라고 권하고 싶다.

마지막으로, 불만이 생겼을 때에는 그 감정을 건강하게 처리해야 한다. 불쾌했던 문제 상황을 객관적으로 돌이켜보고 상대방의 문제점은 무엇이었는지, 내가 과장해서 해석한 것은 없는지 곰곰이 생각해 보자. 그리고 내가 지혜롭게 대처할 수 있는 방법은 무엇일지 생각해 보자. 혜안이 떠오르지 않는다면, 사회생활 경험이 풍부하면서 긍정적이고 건강한 가치관을 가진 멘토에게 조언을 구하는 것도 좋은 방법이다.

결론적으로, 불평불만이 많은 사람과는 적절한 거리를 두고, 그들에게서 나오는 부정적인 기운이 나까지 갉아먹지 않도록 조심해야 한다. 성장하고 싶고, 커리어를 발전시키고 싶다면, 조직과 업무에 몰입해야 한다. 몰입하려면 자신이 속한 조직을 긍정적으로 바라봐야 한다. 아울러 함께 일하는 사람들을 비판하고 평가하는 것이 아니라, 어떻게든 그들과 잘 협력해 보려고 해야 한다. 결국 가장 중요한 것은, 자신이 사람들의 불평과 불만의 대상이 되지 않도록 솔선수범해야 한다는 것이다.

좋은 질문은 기회를,
평범한 질문은 실망을 남긴다

질문 하나로 결정되는 당신의 매력과 품격

20대 초반, 신입 사원 연수를 받을 때였다. 연수 마지막 일정으로 회사 사장님과의 간담회가 예정되어 있었고, 모두가 긴장과 설렘 속에서 그 시간을 기다리고 있었다. 간담회 말미에 사장님께서 신입 사원 모두에게 질문할 시간을 주셨다.

그 자리에서 내가 했던 질문은 두 가지였다. 첫 번째는 사장님께서 발탁 승진을 두 번이나 하셨다고 들었는데, 그 비결은 무엇인지, 어떤 마음가짐으로 일에 임하셨는지 궁금하다는 것이었다. 두 번째는 현재 회사가 음악 비즈니스를 메인으로 하고 있는데, 혹시 음악 외에 새로운 먹거리 사업으로 고려하고 계신 것이 있는지에 대한 질문이었다.

그 당시 나는 사장님의 경험과 회사의 비전에 대해 알고 싶었다. 사장님은 내 질문에 진지하게 답해 주시며, 회사의 방향성에 대해 고민하고 계시는 내용과 일에 대한 철학을 아낌없이 나눠 주셨다.

이후 다른 동기의 차례가 되었을 때, 그 동기는 이렇게 물었다. "저희는 자회사인데, 모회사 직원들이 누리는 복리 후생을 우리도 누릴 수 있는지요?"

순간 사장님의 표정이 살짝 굳었다. 그리고 차분히 그런 부분은 인사팀에 물어보는 게 더 적절할 것 같다고 답하셨다. 사장님은 질문에 대한 답을 주셨지만, 실망한 듯한 표정을 숨길 수는 없었다.

그때 나는 깨달았다, 같은 자리에 있어도 어떤 질문을 던지느냐에 따라 사람의 태도와 사고방식이 달리 보일 수 있다는 것을. 질문은 단순히 정보를 얻는 수단이 아니라, 자신의 생각과 관점을 보여 주는 기회이기도 하다.

신입 사원 연수가 끝나고 나는 전략기획실로 발령받았다. 전략기획실 신입 공고가 뜨지도 않았고, 내가 지망하지도 않았었기 때문에 당시에는 의아했다. 시간이 지나고 생각해 보니, 사장님과의 간담회에서 좋은 인상을 남겼기 때문이 아니었을까 싶다. 나는 이 경험을 통해 질문의 중요성을 확실히 깨닫게 되었다.

질문은 현재의 우리 모습을 보여 준다. 우리가 평소에 어떤 질문을 던지는지는 우리의 생각과 가치를 고스란히 드러낸다. 어떤 질문은 상대방의 지혜와 통찰을 끌어내는 반면, 어떤 질문은 순간의 기회를 놓치게 만든다. 질문은 그 자체로 우리의 사고방식을 비추어 주는 거울과 같다.

'나는 무엇에 관심을 갖고 있는가?'

'어떤 태도로 상대방에게 다가가고 있는가?'

이 질문들에 대한 답은 우리가 던지는 질문들 속에 담겨 있다.

다음번에 질문할 기회가 찾아온다면, 잠시 멈추고 생각해 보자. 그 질문이 나의 가치와 태도를 얼마나 잘 드러낼 수 있을지를. 그러면 그때 우리가 던진 질문은 단순히 대화를 위한 도구가 아니라, 우리 자신을 가장 잘 표현하는 기회가 된다는 사실을 기억하기 바란다.

한 구독자가 이 이야기를 흥미롭게 읽고, 질문을 잘하는 방법이나 팁이 있다면 더 알고 싶다는 메시지를 보내 왔다.

질문은 단순히 궁금증을 해소하는 수단이 아니라, 때로는 관계를 형성하고 기회를 여는 열쇠가 된다. 질문 하나가 상대방의 마음을 열기도 하고, 반대로 그 관계를 어색하게 만들 수도 있다. 그래서 이번에는 질문을 잘 던지기 위한 구체적인 방법들을 정리해 보고자 한다.

우선, 질문의 근본적인 목적을 생각해 보자. 질문은 단순한 정보 획득을 넘어, 사람 사이의 신뢰를 쌓고 대화의 질을 결정짓는 중요한 도구이다. 잘 던진 질문은 상대방의 지혜와 통찰을 끌어

내며, 때로는 예상치 못한 기회를 가져오기도 한다. 하지만 같은 질문이라도 어떻게 던지느냐에 따라 상대방의 반응은 크게 달라진다. 센스 없는 질문은 관계를 어색하게 만들고, 때로는 무례하게 느껴지기도 한다.

앞선 사례에서처럼 상황이나 맥락을 고려하지 않고 자신의 궁금증만 우선시하면, 질문은 오히려 역효과를 낼 수 있다. 친하지 않은 사이에서 연봉을 묻거나, 첫 만남에 개인적인 신상을 캐묻는 것처럼 말이다. 이런 질문은 호기심 이상의 불편함을 줄 수 있으며, 질문자의 사회적 인상을 낮출 수도 있다.

그렇다면 좋은 질문은 어떤 방식으로 해야 할까? 첫째, 상대방이 나에게 '가르쳐 줄 수 있는' 부분을 질문하자. 사람들은 자신의 경험을 공유하는 데에서 기쁨을 느낀다. "신입일 때 가장 어려웠던 점은 무엇이었나요?"와 같은 질문은 상대의 경험과 지혜를 자연스럽게 끌어내며, 존중의 태도를 전달할 수 있다.

둘째, 감탄형 질문을 활용하자. "어떻게 그렇게 성실하세요?", "말을 정말 조리 있게 하시네요.", "비결이 있으세요?"처럼 상대방의 장점을 인정하는 질문은 대화를 유쾌하게 시작할 수 있는 훌륭한 도구가 된다. 감탄은 상대방의 기분을 좋게 하고, 더 풍성한 대화를 유도한다.

셋째, 열린 질문을 던지는 것이 중요하다. "이 일을 하시면서 가장 뿌듯했던 순간이 언제였어요?"와 같은 질문은 단답형이 아닌 이야기형 대화를 이끌어 내며, 상대방이 자신의 경험과 감정을 공유하게 만든다. 이런 질문은 자연스럽게 공감과 몰입을 유도한다.

흥미로운 것은 이러한 질문의 기술이 어른들뿐 아니라, 아이들과의 대화에서도 동일하게 효과적이라는 점이다. "어쩜 이렇게 끈기가 있어?", "어쩜 이렇게 말을 예쁘게 해?" 같은 감탄형 질문은 아이들의 자존감을 세워 주고, 대화를 긍정적으로 이끌어 간다. "어떻게 그렇게 생각했어?", "어떤 점이 좋았어?"와 같은 질문은 아이들이 평소에 하지 않던 다양한 생각을 표현할 수 있게 한다.

이처럼 좋은 질문 하나가 그날의 대화를 특별하게 만들고, 사람을 특별하게 만든다. 질문은 단순한 말이 아니라, 사람과 사람 사이의 문을 여는 열쇠이다. 좋은 질문은 대화를 터트리고, 관계를 깊게 만들며, 때로는 기회까지 불러온다. 오늘 내가 던지는 질문 하나가 내일 내 삶의 방향을 바꿀 수도 있다는 사실을 기억하자.

"Good questions outrank easy answers."

(좋은 질문은 쉬운 답보다 가치가 있다.)

-폴 새뮤얼슨(Paul Samuelson)

기회를 부르는 1%의 법칙

열정이라는 가면을 쓰고
나를 집어삼키는 욕심을 경계하자

욕심으로 맡게 된 과도한 업무는 나와 주변을 집어삼킨다

우리 주변에는 일에 대한 열정이 높고 또 일 욕심이 많은 사람들이 있다. 아울러 성취를 바르게 만들어 내기 위해 조급한 사람들도 있다. 이들의 특징은 끊임없이 일을 만든다는 점이다. 그들은 어느 순간, 누가 시켜서가 아니고 자기 자신이 일을 만들어 키웠다는 것을 잊어버리고, 과로와 스트레스에 시달리게 된다. 부정적 사고 회로가 가동되기 시작하는 것이다.

과도하게 일하는 사람들은 부담감에 짓눌려 삶의 낙이 없어진다. 자신이 만든 일에 자신이 압도당해 버린다. 자가당착(自家撞着)에 빠지는 것이다.

처음에는 뭐든지 일하는 게 신이 난다. 새로운 일에 도전하는 자기 자신이 멋지게 느껴지기도 하고, 슈퍼맨처럼 뭐든 할 수 있을 것만 같다. 하지만 점점 일이 많아지면서 에너지나 체력이 고갈되고, 어느 순간 시간에 쫓기기 시작하면서 불행감이 몰려온다. 자신이 시작한 프로젝트, 자신이 제시했던 목표들이 무거운 짐이 되고, 마치 자신을 옭아매는 족쇄처럼 느껴진다. 그들이 처음에 느꼈던 열정과 의욕은 사라지고 점차 부담으로 변하며, 결국 번아웃에 이르게 되는 것이다. (번아웃은 단순한 피로를 넘어서 우울감, 무기력감, 불행감으로 이어지기 때문에 예방이 매우 중요하다.)

또한, 이런 성향의 사람들은 리더의 위치에 오를 경우, 더 큰 고독감을 느낀다. 자신이 열정과 에너지가 넘치는 만큼, 아랫사람 또는 동료들에게도 같은 수준의 헌신과 노력을 기대한다. 하지만 현실은 동상이몽인 경우가 많다.

결국 이들은 다른 사람들에 대해서 부정적으로 생각하기 시작한다. 다른 이들은 자신만큼 열정도 없고, 자신만큼 고민하지도 않고, 자신만큼 절실하지도 않다는 생각에 불만과 원망이 자리 잡는다. 이 마음이 관계에 균열을 일으키며 갈등의 시발점이 되기도 한다.

이들이 처음 일을 하게 된 동기는 순수한 열정이었을지 모른다. 그러나 그 일이 점차 감당이 안 되는 수준이라면 그 일을 잡는 것은 욕심이라고 말하고 싶다. 자신의 에너지와 자원을 넘어서는 목표는 욕심이다. 자신이 할 수 있는 것보다 더 많은 일을 해내고

자 하는 욕망이 커지면서, 결국 자신의 숨통을 조여 오기 때문이다. 처음에는 목표를 향해 나아가는 것처럼 보이지만, 자신을 갉아먹는 결과를 초래하게 되므로, 이런 욕심은 매우 경계해야 한다.

이러한 성향을 가진 사람들이 번아웃을 피하려면 첫째, 무엇보다도 현실적인 목표 설정이 중요하다. 자신의 에너지를 초과하지 않는 선으로 일을 조절해야 한다.

둘째, 적절한 휴식과 자기 관리를 통해 지속 가능한 열정을 유지해야 한다. 특히 건강을 해치지 않도록 적정한 수면을 취하고, 운동할 수 있는 시간을 확보해야 한다.

셋째, 왜 일을 과도하게 잡는 것인지, 왜 욕심을 부리는지, 자기 스스로에 대한 공부가 필요하다. 일에 몰두하는 자신을 객관적으로 들여다보는 시간이 필요하다.

넷째, 타인에 대한 기대를 조정함으로써 그들을 비판하고 원망하는 것이 아닌, 그들의 수준과 눈높이에 맞게 동기 부여하고 함께 성장하고자 하는 마음을 가져야 한다. 타인에 대한 긍정적이고 건강한 마음을 갖추어야 한다.

실제로 지인 중에도 번아웃을 겪은 사람이 있다. 그는 처음에 일이 주는 성취감이 너무 짜릿했고, 새로운 일들을 해내는 재미에 푹 빠져 있었다. 그러나 시간이 지나면서 점점 책임이 과중해졌고, 그때부터 불면증에 시달리기 시작했다. 몇 차례 대상포진까지 겪으며 몸은 점점 무너졌고, 결국 감당할 수 없다는 판단 아래 모든 일을 내려놓아야 했다. 성취욕에서 출발한 일이 오히려 자신을 병들게 한 것이다.

따라서 지금 혹시 너무 많은 일로 인해 불행하다고 느끼거나, 조금이라도 남을 원망하는 마음이 생겼다면 자신을 돌아보고 과도한 열정의 덫에 빠지지 말기를 바란다. 자신이 슈퍼맨이 아니라는 것을 기억하고, 자신의 에너지를 과대평가하지 않기를 바란다.

무엇보다 번아웃은 자신뿐만 아니라 주변까지 힘들게 하기에 번아웃 예방에 힘써야 한다. 일에서 받은 스트레스는 몸의 건강을 해칠 뿐 아니라, 예민함과 무기력함이 종국에는 가족과 동료에게 2차, 3차 스트레스로 전이되기도 한다.

내가 감당하지 못한 피로는 결국 관계의 틈을 만들고, 주변에도 어두운 그림자를 드리운다. 지금 자신이 그런 상황에 있다고 느껴진다면, 어서 빠져나오자. 일을 덜어 내고 재정비하자. 일의 의미와 보람을 되찾고, 타인과 즐겁게 협업하고 소통할 길을 찾자.

거울 없이는
교정이 어렵다

많은 사람들이 하는 착각 = 자기 자신을 잘 안다고 생각하는 것

취미로 성악을 배우고 있다. 나를 포함한 열댓 명의 학생들을 가르치시는 선생님은 자주 이런 말씀을 하신다.

"발성의 스승은 거울입니다."

입 모양을 거울로 보며 교정하는 것이 가장 빠르다는 것이다. 많은 사람들이 자신은 입을 많이 벌렸다고 생각하지만, 실제로는 입이 제대로 벌어지지 않은 경우가 허다하다. 그래서 거울을 보면대에 올려놓고 발성을 연습했는데, 이전보다 훨씬 나아졌다는 피드백을 받았다.

거울의 힘은 운동에도 적용된다. 필라테스를 할 때에는 거울을 통해 자세를 확인할 수 있어, 강사의 지적이 무엇을 의미하는지 쉽게 이해된다. 반면, 수영은 내 자세를 스스로 확인하기 어렵기 때문에, 코칭 없이 스스로 교정하기가 쉽지 않다. '거울' 즉, 자기 모습을 객관적으로 보는 도구가 교정과 성장에 큰 역할을 한다는 말이다.

이 원리는 자기 계발 전반에 적용된다. 예를 들어, 어떤 사람이 자신은 강의를 잘한다고 생각하는데, 실제로는 학생들이 졸거나 딴짓을 하고 있다면 어떨까? 강사 입장에서는 청중의 반응이 곧 거울이다. 따라서 '점심을 먹고 졸린가 보다'라며 넘기기보다는, 고개를 숙인 학생들의 모습을 거울삼아 내 강의가 지루하다는 것을 깨달아야 한다. 그래야 강의력을 개선할 수 있고 장기적으로 본인의 경쟁력으로 이어질 것이다.

리더십도 마찬가지다. 자신의 리더십을 거울에 비추어 보는 시간 없이는 발전이 어렵다. 그런데 이 자기 객관화는 저절로 생기지 않는다. 리더 스스로 의식을 가지고 시간을 내야만 가능한 일이다.

내가 경험한 자기 객관화 방법은 크게 두 가지이다.

첫째, 사람을 통한 객관화다. 나를 오래 지켜봐 온 멘토나 가족, 동료들이 건네는 건설적인 조언은 리더로서 성장할 수 있는 가장 값진 거울이다. 중요한 것은 그 조언을 '겸손하게' 수용할 자세이다. 조언에 방어적으로 반응하거나, 문제를 사람이나 환경 탓으로 돌린다면, 이후로는 누구도 조언해 주지 않을 것이다. 그 순간부터 리더로서의 성장은 멈추고, 조직도 함께 흔들린다. 구성원들과의 소통이 단절되면 조직 전체가 피로해지고, 결국 이탈자가 생기기 마련이다.

둘째, 기록을 통한 객관화다. 나는 한대협를 운영하면서 매 기수마다 프로젝트, 교육, 멘토링 등에 대한 구성원들의 리뷰를 꼼꼼히 확인하고, 실무진과 함께 개선 방향을 논의한다. 완벽한 시스템은 없지만, 피드백을 바탕으로 꾸준히 개선하는 조직이 될 수 있도록 노력하고 있다.

나 스스로도 기록을 남긴다. 이렇게 글을 쓰며 내 리더십을 돌아보고 반성한다. 또한, 리더십 책을 읽으며 진단표나 체크리스트로 나를 점검하거나, 김주환 교수님의 『회복 탄력성』에 나오는 검사를 통해 내면의 정서를 살펴보기도 한다. 리더의 정서가 건강해야 구성원도 편안하고 안정된 상태에서 일할 수 있기 때문이다.

그러나 어떤 방법보다 더 중요한 것은 리더 스스로 객관화의 필요성을 절실히 느끼는 마음가짐이다. 나는 나를 잘 모를 수 있다는 전제를 가질 때 진짜 성장이 시작된다. 자신이 잘하고 있다고 믿는 순간, 피드백은 귀에 들어오지 않고, 성장은 멈춘다.

리더라면 늘 스스로에게 이렇게 물어야 한다.

"내가 생각하는 나와 타인이 보는 나는 같은가?"

"내가 잘하고 있다고 착각하고 있는 건 아닐까?"

이런 물음이 있어야만 상황이 객관적으로 보이기 시작한다. 그리고 누구의 피드백이든 열린 마음으로 수용할 수 있는 여유가 생긴다. 그 여유만큼 그 사람은 더 크게 성장할 것이다.

4장

팀 안에서
살아남는 기술

사람을 좋게 보려는 태도가
성장의 가속 페달이다

따뜻한 해석 하나가 관계와 팀, 자신을 자라게 한다

오랜 시간 한대협에서 대학생들과 함께 팀을 만들고, 리더들을 가까이서 지켜보며 한 가지 중요한 사실을 깨달았다. 팀이 빠르게 성장하고 건강한 분위기를 유지하는 곳에는 공통적으로 '사람을 좋게 보려는 시선'을 가진 리더와 구성원이 존재한다는 것이다.

이런 태도는 겉으로 보기에는 별것 아닌 것처럼 보일 수 있다. 하지만 이 시선이 팀 안에 따뜻한 공기를 불어넣고, 구성원 간에 긍정적인 소통을 가능하게 한다. 실수를 해도, 적응이 느려도, "그래도 이 친구는 책임감이 있어.", "시간이 걸릴 뿐이지 가능성은 분명해."라고 해석하는 리더가 있는 팀은 신기하게도 성장 속도가 빠르다. 기대 받는 시선은 우리 안에 잠든 가능성을 일으켜

기회를 부르는 1%의 법칙

세우는 힘이 있기 때문이다. 언젠가 한대협의 한 리더가 이렇게 말했다.

"처음에는 어떤 친구가 너무 책임감이 없어 보여서 속이 터졌어요. 말은 참 잘했거든요. '한대협이 참 좋다.', '기여하고 싶다.', '자랑스러운 리더가 되겠다.'는 식의 멋진 말을 자주 했지만, 정작 지각이 잦고 온라인상에서는 연락이 너무 늦어 일이 자꾸 밀리고는 했어요."

하지만 그 리더는 그 학생과 일대일로 멘토링을 하면서 중요한 사실을 발견했다. 언행이 일치하지 않는 자신의 모습에 대해 그 학생 스스로도 괴로워하고 있었던 것이다. 그는 야단치기보다는, "너는 할 수 있어."라는 따뜻한 격려와 신뢰의 메시지를 꾸준히 보냈다. 그 결과, 처음 부팀장에 지원했을 때는 변화가 충분하지 않아 선발되지 못했지만, 약 6개월 후 꾸준한 태도 개선을 거쳐 마침내 다음 기수에서는 부팀장으로 활동할 수 있게 되었다. 지금은 누구보다도 단단하게 팀을 받쳐주는 리더로 자리 잡았다.

이 원리는 리더에게만 적용되는 것이 아니다. 팔로워 입장에서도 '리더를 좋게 보려는 태도'는 성장의 중요한 발판이다. 학창 시절에 좋아했던 선생님 과목은 성적이 잘 나왔던 경험이 누구나 한번쯤 있을 것이다. 학생이 선생님을 신뢰하고 좋아하면 수업에 더 집중하게 되고, 배움에 몰입하게 되는 것처럼 팔로워가 리더를 좋게 느낄 때 성장도 훨씬 빨라진다. "완벽하지 않더라도 우리

팀장은 진심이 있어.", "잘해 보려고 애쓰는 게 보여."라고 해석해 주는 팔로워가 있는 팀은 리더도 더 좋은 방향으로 변화한다.

결국 사람을 좋게 보려는 태도는 팀 전체의 성장을 이끄는 쌍방의 에너지다. 좋게 본다는 것이 무조건 감싸 주고 실수를 덮어 준다는 뜻은 당연히 아니다. 상식 밖의 언행을 반복하며 팀을 혼란에 빠뜨리는 사람, 진심 어린 태도를 악용하는 사람에게까지 억지로 긍정적인 해석으로 포장해 주는 것은 오히려 조직을 망치고, 나 자신을 소진시킬 수 있다. 좋게 보려는 태도는 '분별'을 전제로 할 때 진짜 힘을 발휘한다. 지켜볼 줄 알고, 한계를 설정할 줄 아는 것도 건강한 리더십과 팔로워십의 일부이다. 팀을 더 잘 이끌고 싶고 팀 안에서 더 성장하고 싶다면, 무엇보다 사람을 바라보는 자신의 태도부터 점검해 보자. 부족함보다 가능성을 찾고, 비판보다 신뢰를 먼저 주는 시선, 그 따뜻한 시선 하나가 팀의 성장 속도를 끌어올리는 강력한 가속 페달이 될 것이다.

당신의 꿈만을 위한
팀은 없다

공동체를 수단으로 여길 때 우리가 잃는 것들

한국대학생인재협회는 기수제로 운영된다. 한 기수는 보통 10~12주간 진행되며, 이 기간 동안 대학생들은 마케팅, 영업 등 실제 프로젝트 중심의 팀 활동을 수행한다. 팀은 보통 5~8명으로 구성되며, 각 학생은 자신이 지원한 프로젝트 팀에 소속된다. 팀장과 부팀장은 기수 시작 약 3~4주 전부터 미리 팀을 준비한다. 이후 기수 초반에 서류와 면접을 통해 선발된 신입 회원들이 합류하게 된다.

얼마 전 새로운 기수를 시작하면서 한대협에서 한 임원이 "이번 기수 동안 열심히 해서 제가 원하는 목표치를 이루고 싶어요."라는 각오를 담아 연락을 해 왔다. 그 메시지를 보는 순간, 나는 조심스럽지만 분명하게 정정해 주었다.

"네가 원하는 목표치보다 더 중요한 건 팀의 공동 목표를 이루기 위해 노력하는 거야."

이 임원분 아니라, 요즘 학생들 중에는 팀 활동을 자신의 목표를 달성하기 위한 도구로 여기는 경향이 있다. 그들의 말과 태도 속에는 '팀'이 아닌 '나'가 먼저인 시각이 담겨 있다. 그 모습을 보며, 이 글을 써야겠다고 마음먹었다.

먼저, 자기 목표에만 초점이 맞춰진 사람은 문제 상황에 유연하게 대처하지 못한다. 왜냐하면 팀이 겪는 위기나 문제 상황을 하나의 성장 과정으로 받아들이기보다는 자신의 계획을 방해하는 장애물로 인식하기 때문이다. 그래서 예기치 않은 일이 발생하면 상황을 이해하거나 품으려 하기보다 불편한 감정에 먼저 갇힌다. 예를 들어, 어떤 팀원이 갑작스러운 개인 사정으로 팀의 일정에 차질을 주었을 때, 이해해 주고 주변을 독려하며 함께 해결하려는 태도보다는 '왜 내가 피해를 봐야 하지?'라는 부정적인 시각으로 상황을 바라본다. 이처럼 시야가 좁으면 위기에 유연하게 대처하는 힘도 약해지는 법이다.

또한, 자기 목표에만 몰두한 사람은 팀의 미션을 입체적이고 장기적인 시선으로 바라보지 못한다. 그래서 그 방향으로의 능력 개발도 어려워진다. 예컨대 '매출 5백만 원 달성'이라는 개인 목표에만 집중하면, 단기 실적에 매달리는 사이 고객과의 신뢰를 쌓는 과정, 팀의 지속 가능한 성장을 위한 전략적 사고는 놓치게 된다. 목표는 달성할지 몰라도, 더 큰 그림을 그리는 능력은 자라지 않는 것이다.

이런 사람에게 팀은 '함께 만들어 가는 종합 예술'이 아니라, '내가 완성해야 할 개인 작품'일 뿐이다. 그러니 당연히 성과에 대한 부담도 온전히 자신에게 돌아오고, 압박감과 스트레스도 훨씬 커진다.

하지만 팀은 본래 함께 짐을 나누는 구조다. 서로 기대고 채워줄 수 있기에 혼자일 때보다 더 멀리 갈 수 있다. 그 협업의 묘미를 누리지 못하는 사람은 일도 힘겹고, 관계도 삭막해진다.

이런 사람은 시간이 지날수록 리더나 동료들과의 관계가 나빠질 가능성이 크다. 다른 구성원들의 입장을 배려하지 않고, 자신의 목표만 우선하다 보면 점차 신뢰를 잃게 된다. 처음에는 의욕이 넘쳐 성실한 사람처럼 보일지 몰라도, 어느 순간부터는 '같이 일하기 불편한 사람'으로 인식된다. 이런 사람은 누구보다 열심히 일했을지는 몰라도, 결국 혼자가 되어 버린다.

반대로 팀의 목표를 우선하는 사람은 시야가 다르다. 그런 사람은 먼저 팀의 비전과 목표를 품고, 그 안에서 자신이 어떤 기여를 할 수 있을지 고민한다. 그래서 문제 상황도 부정적으로만 바라보지 않는다. 이해하고, 유연하게 대처하려고 노력한다. 덕분에 신뢰는 깊어지고, 조직 안에서 더 많은 기회와 책임을 부여받는다. 이들은 협업을 통해 혼자서는 결코 이룰 수 없는 깊고 폭넓은 성취를 팀과 함께 경험한다. 팀의 성장이 곧 자신의 성장임을 진심으로 믿는 사람, 그 사람이야말로 진짜 리더다.

소속감을 가지는 방법

소속감은 업무 몰입도를 올리고, 성취감을 몇 배 더 느끼게 해 준다

약 20여 년간 대학생들과 함께 일하며 그들을 가르치면서 느낀 점 중 하나는, 예전보다 지금 세대가 소속감을 느끼는 데 훨씬 어려움을 겪고 있다는 것이다. 특히 코로나 시기를 지나 온라인으로 학업을 이어 간 세대는 그런 경향이 더 뚜렷하게 나타난다. 가만히 생각해 보면, 대부분의 학생들이 그동안은 개인 성적이나 입시에 초점을 맞춘 삶을 살아왔기 때문에, 누군가와 함께 하나의 공동 목표를 위해 노력하는 경험 자체가 거의 없기도 했을 것이다.

그런데도 그중에는 소속감을 빨리 느끼고, 적극적으로 몰입하는 학생들이 있다. 이런 친구들은 공통적으로 학생회, 동아리, 교회 등에서 리더 역할을 맡았거나, 본인이 책임지고 열심히 해야 하는 상황을 겪어 본 경험이 있었다. 즉, 누군가와 함께하는 일에 애정을 가지고 임해 본 경험이 있는 경우, 소속감도 빠르게 형성되고 몰입도도 높다는 것을 알 수 있다.

소속감을 느끼게 되면, 개인과 조직 모두가 함께 성장한다. 소속된 조직에 애정이 생기면, 조직에 기여하고 싶다는 마음이 자연스럽게 따라오기 때문이다. 그러면 자발적으로 업무에 몰입하게 되고, 결과가 나왔을 때에는 단순히 개인적인 성취감뿐만 아니라, 내가 조직에 도움이 됐다는 자부심도 커진다. 이로 인해 본인이 느끼는 성취의 기쁨은 훨씬 더 커진다. 아울러 이런 사람들의 태도는 주변 사람들에게 좋은 영향을 주고, 팀 전체 분위기 역시 더 건강하고 생산적으로 바뀌게 된다.

한편, 초등학교나 중·고등학교와 달리 대학교나 아르바이트, 대외 활동 그리고 직장 등은 내가 선택해서 들어간 곳이다. 특히 대학생들이 참여하는 여러 조직은 본인이 지원해 면접을 보고, 그 결과로 합격하여 들어간 곳이다. 그렇다면 '나를 선택해 준 이 조직'에 감사한 마음을 갖고, 어떻게든 도움이 되고 싶다는 자세로 임하는 것이 바람직하다. 그런데 현실에서는 여전히 많은 학생들이 수동적인 태도를 보인다. 마치 선생님이나 부모님이 알아서 챙겨 주듯, 조직에서도 먼저 알려 주고, 챙겨 주는 누군가를 기다리는 모습이 종종 눈에 띈다. 이런 태도는 공동체 생활에서는 바람직하지 않다. 성장을 원한다면 반드시 고쳐야 할 부분이다.

그렇다면, 소속감은 어떻게 키울 수 있을까? 먼저, 조직에 애정을 느낄 수 있는 포인트를 찾아보자. 조직의 비전과 가치관일수도 있고, 문화나 성과, 장소, 함께 일하는 사람일 수도 있다. 자연스럽게 떠오르지 않더라도 의식적으로 감사한 점을 찾아보는 습관이 필요하다. 나를 합격시켜 준 것부터 시작해서, 교육과 훈련에 시간을 할애해 주는 리더들의 수고, 제공받는 음료와 식사, 공간이나 전기, 화장실 같은 부대시설까지, 사소해 보일 수 있지만 이 모든 것들이 나를 위한 배려라는 생각으로 감사하게 바라보는 태도는 소속감을 키우는 데 큰 힘이 된다.

이밖에 리더나 동료와의 긍정적인 상호 작용도 중요하다. 처음에는 가벼운 인사나 대화로 시작하더라도, 점차 서로의 가치관이나 성장 이야기 등을 나누며 관계의 깊이를 더해 가자. 함께 일하는 사람에 대한 깊은 이해는 신뢰를 쌓고, 그 신뢰는 팀워크의 핵심이 된다. 여기에 더해, 내가 먼저 타인을 도우려는 마음도 필요하다. 작은 도움이든 큰 도움이든, 누군가에게 손을 내미는 순간 우리는 '내가 이 조직에 꼭 필요한 사람'이라는 자존감과 보람을 느끼게 된다. 이것이 바로 소속감의 시작이다.

한 가지 덧붙이자면, 모든 조직이 소속감을 가질 만큼 건강하고 신뢰할 수 있는 곳은 아니다. 불합리한 구조나 일방적인 희생을 요구하는 조직, 사람을 소모품처럼 대하는 문화에서는 되려나 자신이 상처받을 수 있다. 그렇기 때문에 '어떤 조직에 소속감을 가질지'는 분별이 필요한 일이다. 하지만 충분히 판단한 끝에 스스로 선택한 조직이라면, 그 안에서 소속감을 키우는 노력을 해볼 것을 권한다. 그 노력은 조직을 위한 것이 아니라, 나 자신을 더 성장시키기 위한 길이기도 하다.

소속감은 단지 '조직에 적응하려는 태도'가 아니다. 내가 어떤 사람인지, 어떤 목표를 향해 나아가고 싶은지를 더 분명히 알게 해 주는 출발점이다. 팀에 기여하고, 함께 목표를 향해 나아가며 사람들과 관계를 쌓는 과정에서, 내 성향과 강점을 더 잘 알게 된다.

조직을 그저 '적응해야 하는 곳'이 아니라 '함께 만들어 가는 곳'으로 바라보기 시작할 때, 나는 어느 조직에서도 주도적으로 일하고 좋은 결과를 만들어 내는 사람이 될 수 있다. 결국 소속감은 환경에 끌려가는 사람이 아니라 어디서든 중심을 잡고 잘 해내는 사람으로 나를 키워 주는 든든한 자산이 된다.

앞서 말했듯이, 소속감에 있어서 리더십 경험이 있는 친구들이 유독 강한 소속감을 보이는 경향이 있다. 리더가 되면 팀을 책임져야 하니 자연스럽게 몰입하게 되고, 팀워크를 고민하게 되고, 문제 해결에 뛰어들게 된다. 그 모든 과정이 조직과 자신을 연결해 주는 끈이 된다. 그러므로 리더의 기회가 주어진다면, 적극적으로 도전해 보기를 권한다.

코로나 팬데믹을 겪은, 지금 세대에게 소속감을 갖는 것은 낮

설고 어렵게 느껴질 수 있다. 하지만 소속감 없이는 팀워크도 없고, 진정한 성취도 없다. 이 글에서 소개한 방법들을 실천하며 소속감을 스스로 만들어 간다면, 언젠가 당신은 어떤 조직에서도 대체 불가능한 사람이 되어 있을 것이다. 소속감은 나를 평범함에서 비범함으로 이끌어 주는 힘이다.

'괜찮아요'는
전혀 괜찮지 않다

문제를 감추는 습관이 성장을 막는다

사람들은 문제가 생겼을 때 종종 괜찮다고 덮어두거나 대수롭지 않게 넘기려 한다. 하지만 괜찮다고 말한다고 해서 문제가 사라지는 것은 아니다. 오히려 감추고 미루는 동안 문제는 더 깊어지고, 해결은 점점 더 어려워진다.

한 지인이 몇 달 전부터 계속해서 피로감과 어지럼증을 느끼고 있었다. 본인도 이상하다고 생각했지만, 혹시 큰 병이면 어쩌지 하는 막연한 두려움에 건강 검진을 계속 미루다가 결국 쓰러져 응급실로 실려 갔다. 검사 결과는 고혈압과 초기 당뇨였다. 다행히 회복할 수 있는 시기에 발견했지만, 정기 검진을 조금만 일찍 받았더라면 더 가볍게 지나갈 수 있는 문제였다. 이처럼 문제는 외면한다고 사라지지 않는다. 직면하지 않으면, 해결할 기회조차 사라지고 만다.

문제를 드러내는 것은 해결을 위한 첫걸음이다. 한국대학생인재협회에서 대학생들을 지도하다 보면, '스피치'처럼 문제의 원인이 명확하게 드러나는 역량은 개선 속도도 빠르다. 말이 어눌하거나 목소리가 작다는 문제는 피드백을 바로 받고, 연습을 통해 빠르게 교정할 수 있기 때문이다. 반면, 기획력이나 협업 능력처럼 겉으로는 잘 보이지 않는 문제들은 드러나는 데에도, 해결되는 데에도 더 오랜 시간이 걸린다.

사실 팀 활동을 하다 보면, 문제를 외면하지 않고 솔직하게 드러낸 학생이 오히려 더 빠르게 성장하는 경우를 많이 목격한다. 한 팀원은 초반에 자주 지각해 팀 일정에 차질을 주고는 했다. 처음에는 요즘 컨디션이 안 좋다거나 길이 너무 막혔다는 말로 상황을 넘기고는 했지만, 어느 날 진지하게 이런 얘기를 꺼냈다.

"사실 아침에 일어나는 게 너무 힘들어요. 알람을 꺼 놓고 다시 자 버리는 일이 반복돼요."

그 말을 들은 리더와 팀원들은 그를 비난하기보다 함께 방법을 찾아보기로 했다. 몇몇 친구들이 아침에 모닝콜을 해 주었고, 본인도 알람을 방에서 멀리 두는 방법을 시도하면서 서서히 패턴을 바꿔 나갔다. 그리고 지금은 누구보다 먼저 도착하는 팀원이되었다. 문제를 감추지 않고 솔직히 드러냈기에 가능한 변화였다.

문제를 빨리 발견할수록 해결도 쉽다. 건강 검진에서 질병을

기회를 부르는 1%의 법칙

조기에 발견하면 간단한 치료로 끝나는 것처럼, 조직에서도 갈등이나 실수, 불균형을 초기에 바로잡으면 큰 손실을 막을 수 있다.

어떤 기수에서 실제로 이런 일이 있었다. 한 팀원이 '컨펌된 콘텐츠 기획서에 따라 이미지를 제작하는 일'을 맡았는데, 마감 기한이 지나도록 팀장에게 아무런 보고가 없었다. 팀장이 어떻게 되고 있느냐고 묻자, 하루가 지난 뒤에야 장문의 메시지를 보내왔다.

"솔직히 이 일이 너무 어렵게 느껴졌어요. 뭘 어떻게 시작해야 할지 몰라서 계속 미루게 됐어요."

결국 작업은 하나도 진행되지 않은 상태였고, 팀장은 마감이 지난 일을 수습하느라 무척 애를 먹어야 했다. 처음부터 어렵다고 말했더라면 함께 방법을 찾거나, 다른 팀원이 도와줄 수도 있었을 문제였는데, 혼자 끌어안고 있다가 일을 키운 것이다.

이처럼 문제를 제때에 드러내지 않으면, 결국 팀 전체에 더 큰 부담을 주게 된다. 사소해 보이는 지연이나 어려움도 미리 공유했다면 충분히 함께 풀 수 있는 일이었다. 하지만 혼자 끌어안고 미루다 보면, 결국 마감은 어긋나고 다른 사람들의 업무에까지 영향을 미치게 된다.

반대로, 작은 문제라도 빨리 털어놓으면 팀원들이 함께 아이디어를 내고 해결책을 찾을 수 있다. 책임을 나누는 만큼 심리적 부담도 줄어들고, 일은 훨씬 수월해진다. 문제를 감추는 것은 종국에는 더 큰 부담을 만들 수 있다는 사실을 기억해야 한다.

개인의 관점에서도 문제를 직시하는 것이 곧 성장의 시작이다. 부족한 점을 감추려 하면 성장이 멈춘다. 반면, 자신의 한계를 인정하고 드러내는 사람은 더 빠르게 변화할 수 있다. 숨겨진 문제는 해결할 수 없다. 문제를 외면하면 결국 자기 자신도, 조직도 제자리걸음을 하게 된다.

물론 때로는 문제를 마주하는 것만으로는 부족할 때도 있다. 문제인지조차 인식되지 않은 것들을 스스로 찾아내려는 자세도 필요하다. 예를 들어, 내가 요즘 유난히 예민하고 짜증이 늘었다면, 그 감정의 출처를 살펴봐야 한다. 일이 너무 몰려 있어서인지, 관계에서 지치고 있어서인지 스스로 점검해 보는 습관이 필요하다. 조직도 마찬가지다. 겉보기엔 멀쩡해 보여도, 어딘가에 스트레스가 누적되고 있을 수 있다. 문제가 드러나기 전에 살펴보고 예방하는 것이야말로, 진짜 성숙한 자기 관리일 수 있다.

결론은, 괜찮다고 말하며 문제를 덮는 습관은 아주 위험하다. 해결되지 않은 문제는 시간이 갈수록 더 심각해지고, 결국 감당할 수 없을 만큼 커지게 된다. 지금 당장은 불편하고 창피할 수도 있지만, 문제를 드러내는 순간부터 해결의 문이 열린다. 괜찮다고 넘기지 말고 문제를 마주하고, 해결할 기회를 마련해야 한다. 그 용기가 성장을 만든다.

기회를 부르는 1%의 법칙

비판할 수 있는 자격은
아무에게나 주어지지 않는다

비판적 커뮤니케이션은 충분한 신용이 있을 때 수용된다

조직 생활을 하다 보면 때로는 리더, 제도, 문화 등에 대한 비판적 커뮤니케이션이 오갈 때가 있다. 비판적 커뮤니케이션은 조직이 발전할 수 있는 좋은 계기가 될 수도 있으나, 워낙 민감한 사안이기에 잘못 전달되면 조직 또는 리더에 대한 비난으로 비쳐져 이미지에 큰 타격을 입을 수 있다. 특히 이런 실수를 대학생들이나 사회 초년생들이 많이 하는 편이다.

실제로 조직의 생리와 문화, 리더의 성향, 전반적인 히스토리와 시스템도 파악되지 않은 상태에서 건설적 제안을 하겠다는 열정과 패기로, 겁 없이 선배들이 기획한 조직의 프로젝트, 교육, 제도, 문화 등에 비판적 커뮤니케이션을 하는 것을 종종 목격했다. 그런 이들에게 조직 내에서 비판적 커뮤니케이션을 할 수 있는 적절한 입지와 방식은 무엇인지 이야기해 보고자 한다.

먼저, 비판적 커뮤니케이션이 성공적으로 이루어지기 위해서는 화자의 이미지가 중요하다. 조직과 리더, 동료들 사이에서 겸손하다고 인정받는 사람, 기본적으로 긍정적인 기조를 가진 사람, 평상시 자기 몫을 똑 부러지게 잘하며 솔선수범의 태도를 보여 준 사람이어야 한다. 즉, 신뢰를 얻은 사람이어야 한다는 말이다. 그런 사람이 비판적 커뮤니케이션을 할 때 조직은 그를 부정적으로 바라보지 않으며, 그의 의견에 귀를 기울인다. 다시 말해, 신뢰가, 비판이 수용될 수 있는 기반이 되는 것이다.

또한, 비판적 커뮤니케이션을 할 때, 그의 말이 비판으로만 들리지 않고, 건설적인 피드백으로 들리기 위해서는 해결책 제시가 반드시 수반되어야 한다. 해결책을 제시할 수 없다면 비판해서는 안 된다. 그럴 때는 "함께 의논해 보자."라는 말로 전환해야 한다. 즉, 비판적 커뮤니케이션을 할 때에는 그 말에 조직의 발전과 성장을 위한 진정성이 담겨 있어야 하는 것이다. 해결책을 제시하지 않는 비판은 조직 또는 특정한 사람을 공격하는 것으로 여겨질 수 있다. 그러면 비판을 한 당사자의 이미지도 추락하며, 조직 내에 부정적이고 어두운 분위기를 조성하게 된다.

솔직히 말하면, 조직 내에서 비판할 수 있는 자격은 누구에게나 주어지는 것이 아니다. 그것은 평상시 겸손함과 긍정적인 태도, 솔선수범을 기반으로 형성된 신용이 있는 사람에게 주어지는 자격이다. 따라서 조직에서 건설적인 피드백을 하고 싶다면 자기 자신부터 조직에 신용을 쌓는 것이 우선되어야 한다. 또한, 비판적 커뮤니케이션을 할 때에는 조직의 발전을 위한 진정성을 가지고 해결책을 제시해야 한다. 이러한 여건들이 갖추어졌을 때, 비로소 비판이 공격이 아닌 성장 촉진제로 작용한다.

친절하되 호구는 되지 말자,
돈뿐만 아니라 감정도!

경제적, 정서적 착취자들의 요구와 기분을 맞춰 줄 필요는 없다

애덤 그랜트의 저서 『Give and Take(기브 앤 테이크)』의 내용에서 착안하여 인간관계에 대한 통찰, 즉 인사이트(insight)를 나누고자 한다. 이 책에서는 기버(Giver)들, 즉 누군가를 돕고 지식과 정보를 공유하며 남을 위해 자신의 이익을 양보하는 사람들이 성공 사다리의 맨 꼭대기를 차지한다는 사실을 체계적으로 입증한다. 거기서 주목해야 할 사실은 성공 사다리의 밑바닥에 있는 이들도 '기버'라는 것이다. 하위층의 기버들은 대부분 사람들한테 이용당하고 버려지는 경우가 많은 데 비해, 상위층의 기버는 타인도 돕지만 자신의 이익도 챙길 줄 안다. 그들은 이기적인 사람을 처음 몇 번은 도와줄지 몰라도, 더는 도와주지 않는다. 성공한 기버는 상대방이 '테이커(taker, 주는 것보다 더 많은 이익을 챙기

기회를 부르는 1%의 법칙

려는 사람)'라는 게 명백해지면 '매처(matcher, 받은 만큼 돌려주는 사람)'로 변신한다. 그래서 이 책은 "이기적인 이타주의자, 똑똑한 호구가 성공한다."고 이야기한다.

나는 이 글에서 똑똑한 호구는 사람들과 상호 작용할 때 경제적인 측면과 정서적인 측면에서 어떻게 처신하는지에 대해 이야기하고 싶다.

경제적 측면에서의 똑똑한 호구는 일단 처음에는 상대방에게 베푼다. 음료를 사기도 하고, 밥을 사기도 하고, 선물을 주기도 한다. 때로는 돈이 되는 지식과 정보를 주기도 한다. 그리고 이에 대해 상대방이 그 가치를 인정하는지, 예쁜 말이든 물질이든 다양한 형태로 긍정적인 피드백이 오는지를 생각해 본다. 만약 누군가가 그의 호의를 당연하게 생각하거나, 자신의 상황에 맞게 작게라도 보답하려 하지 않는다면, 그는 관계를 재평가해 본다. 사람마다 정도의 차이는 있겠지만, 똑똑한 호구는 그들로부터 서서히 거리를 두며, 그에게 베푸는 정도를 조절해 나간다.

정서적 측면에서의 똑똑한 호구는 타인의 감정을 배려하기 전에, 자신의 감정부터 관리할 줄 안다. 자신의 마음 상태와 멘탈 에너지를 수시로 점검한다. '수신제가치국평천하(修身齊家治國平天下)'라는 말처럼, 자기 자신이 바로 서야 주변에도 선한 영향력을 끼칠 수 있기 때문이다.

이들은 사람들과 만날 때 따뜻한 인사를 건네고, 친절하고 배려 깊은 태도로 관계를 시작한다. 하지만 무조건 잘해 주는 것과는 다르다. 이들은 정서적 착취자로부터 자기감정을 보호할 줄 알고, 거리 둘 줄 아는 사람들이다.

타인보다 자신의 감정을 우선하는 정서적 착취자들은 크게 두 부류로 나뉜다. 첫째는 타인을 조종하려 드는 사람들이다. 이들은 비난과 칭찬을 오가며 상대방을 자신의 뜻대로 움직이게 하려 하고, 죄책감이나 압박을 주는 방식으로 관계를 컨트롤하려 한다. 둘째는 에너지 뱀파이어 형이다. 이들은 자신의 감정과 문제에 과도하게 몰입해 끊임없는 공감과 관심을 요구하고, 상대방의 정서를 고갈시킨다.

이 두 부류의 공통점은 언제나 자기감정이 최우선이라는 것이다. 그들은 상대의 여건이나 에너지 상태는 고려하지 않는다. 이런 사람들을 만났을 때는 반드시 적정한 거리 유지가 필요하다. 똑똑한 호구들은 그들의 과도한 요구를 다 들어주지 않으며, 필요할 때는 맞서기도 하고, 때로는 관계를 정리하기도 한다. 그렇지 않으면 정신적으로 피폐해지며, 삶의 질이 급격히 떨어지기 때문이다.

이처럼 정서적 착취자에게 무방비로 감정을 내어주다 보면, 결국 자신이 무너진다. 이를 잘 보여 주는 영화 속 예가 있다. 바로 '악마는 프라다를 입는다(The Devil Wears Prada)'이다.

주인공 앤드리아는 유명 패션 잡지 편집장 미란다의 비서로 일하게 된다. 처음에는 좋은 기회를 잡았다는 생각에, 미란다의 끝없는 요구와 감정 기복, 무례한 태도까지 참고 견딘다. 일이라는 이유로, 성공하겠다는 생각으로 그녀는 자신의 감정과 인간관계를 모두 포기한 채 하루하루를 버틴다. 그러나 시간이 지날수록 자신을 잃어 가고 있다는 사실을 자각하게 된다. 결국 앤드리아는 미란다의 세계에서 벗어나 자신만의 삶과 가치를 되찾기로 결심한다.

이 장면은 정서적 착취자의 요구에 맞추기 위해 자신의 삶을 희생하면 결국 남는 것은 공허함뿐이라는 교훈을 준다. 똑똑한 호구는 앤드리아처럼 한계를 인식하고, 관계를 멈출 줄 아는 용기 있는 사람이다.

똑똑한 호구는 기본적으로 타인을 배려하고 돕는 사람이지만, 그냥 아무 사람이나 만나지는 않는다. 자신의 경제적 자산을 지키고, 정서적 자산을 유지할 수 있는 인간관계를 맺는다. 경제적이든 정서적이든 건강한 상호 작용이 되는 사람들, 선순환이 일어나는 사람들과의 관계에 집중하고, 이를 확장시켜 나간다. 똑똑한 호구는 또한 긍정적인 에너지를 주고받을 수 있는 인간관계를 지향한다. 더불어 그들은 자신의 목표를 향해 부지런히 노력하는 사람들이기도 하다.

우리 역시 기본적으로 타인을 돕되, 이용당하지는 말자. 자신의 자산도 잘 지키고, 자신의 감정도 잘 돌아보자. 똑똑한 호구가 되자. 유유상종이라는 말처럼, 똑똑한 호구들끼리 모여 상부상조하는, 의미 있는 만남들이 풍성해지기를 바란다.

똑똑한 사람 말고
따뜻한 사람

똑똑함은 도전을 불러오고, 따뜻함은 마음을 끌어당긴다

나는 대학에서 신문방송학을 전공했는데 지금 생각해 보니, 글과 말로 나의 주장을 설득력 있게 전개하는 훈련을 전문적으로 받았다고 해도 과언이 아니다. 거의 모든 전공 시험에 논술 시험이 있었는데, 그것 역시 출제자를 설득하는 과정이었다. 또한 교수님들께 수업 내용에 대해 이해가 가지 않는 부분이나 납득이 되지 않는 부분을 질문하면, 교수님들이 "나를 긴장시키는 학생, 나를 공부시키는 학생"이라며 칭찬해 주시기도 하셨다. 다시 말해, 질문이 장려되는 분위기에서 공부를 했었다.

또 대학생 때 영어 토론 동아리 활동을 약 6개월 정도 한 적이 있다. 영어 토론 방식은 매우 역동적이고 공격적이었다. 예를 들어, 발언권을 얻은 사람이 말을 하고 있는 와중에도, 상대편이 책

기회를 부르는 1%의 법칙

상을 주먹으로 두드리며 그 의견에 반대하는 표현을 적극적으로 할 수 있었다.

그러나 이렇게 대학 시절 내내 배우며 터득했던 설득 커뮤니케이션은 내 리더십 초반에 악영향을 미쳤다. 한국대학생인재협회 리더 초반 시절, 약 3~4년 차까지도 회의 중에 상대방의 마음을 배려하지 못하고, 토론하듯 시시비비를 따져 일부 팀원들의 자존심을 건들기도 했다. 그들 중 어떤 이는 내 뒷담화를 하기도 했다. 나보다 나이가 많은 남학생이 회의 중에 노골적으로 나를 이겨 보고 싶다는 말을 하기도 했다.

그때의 내 어리석음을 지금은 반성하고 있다. 회의 중에 주장을 펼칠 때 타인의 마음을 배려하고 최대한 따뜻하게 소통했어야 했는데, 나는 그렇지 못했다. 오히려 사람들의 도전 욕구를 불러일으켰다. 똑똑함을 과시하며 무리를 제패하는 것은 리더에게 독이라는 것을, 그런 리더에게는 사람이 따르지 않는다는 것을 처절하게 깨달은 시간이었다.

그러한 경험 덕에, 현재의 나는 기본적으로 회의 분위기를 처음부터 끝까지 유쾌하게 진행하려고 노력하는 사람이 되었다. 회의하기 전에 소소한 일상에 대해 말하며 재미있는 이야기를 나눈다. 회의에서 나온 의견에 대해 리액션하며, 격려를 아끼지 않는다. 그런 분위기에서는 어떤 의견이나 피드백도 부드럽게 느껴지기 때문이다.

또한, 함께 회의하는 대상자들에 따라서 의견과 피드백을 주는 방식을 달리 한다. 오랜 시간 함께하며 신뢰와 애정이 충분히 형성된 팀원들과 회의할 때에는 편안하고 솔직하게 이야기하는 편이다. (하지만 함께한 지 오래되었어도 예민하거나 방어적인 기질을 갖고 있는 팀원들에게는 괜한 오해를 사지 않기 위해 발언을 조심한다.) 나와 다소 거리감이 있는 팀원들과 회의하거나 피드백하는 경우, 부정적인 의견을 내놓아야 할 때에는 최대한 부드럽고 완곡하게 표현하려고 노력한다.

이제 회의의 목적도 완전히 바뀌었다. 나는 함께 회의를 함으로써 문제가 해결되고, 비전이 보였으면 한다. 회의를 통해 소망을 가지게 되고, 의욕이 생기게 해 주고 싶다. 좋은 기운을 나누어 주고 싶다. 최소한 나와 함께 회의하고 나서 상황을 이전보다 더 부정적으로 본다거나, 조직에 대한 애정이 사라져 버리는 일은 없었으면 좋겠다.

똑똑한 사람은 문제 해결에만 집중한다면, 따뜻한 사람은 문제를 함께 해결할 수 있는 관계를 먼저 형성한다. 따뜻함은 상대방을 이해하려는 노력에서 비롯된다. 사람마다 가진 배경과 성격, 그리고 감정을 존중하고, 그들의 이야기를 들어주는 데에서 관계 형성이 시작된다. 내가 이 부분을 간과했을 때, 사람들은 나를 경쟁 상대로만 바라보았다. 그러나 내가 먼저 마음을 열고 상대를 품으려 하자 사람들은 나를 신뢰하고, 따르기 시작했다.

똑똑함과 따뜻함은 상호 배타적인 개념은 아니다. 그러나 리더로서 어떤 것을 우선시해야 하는지는 분명하다. 똑똑함은 목표를 달성할 수 있게 하지만, 따뜻함은 그 목표를 함께 이루어 갈 사람들을 만들어 준다. 나는 이제 똑똑한 사람이 아닌, 따뜻한 리더로 기억되고 싶다. 똑똑함이 빛을 낸다면, 따뜻함은 온기를 전한다. 사람들은 빛을 보기 위해 잠시 멈추지만, 온기 속에서 오래 머물고 싶어 한다.

당신은 어떤 사람이 되고 싶은가?

속도 조절의 미학

앞서가기보다 곁을 맞추는 태도

초등학교 5학년 때, 과학 시간에 있었던 일이 지금도 생생하다. 선생님께서 실험에 대해 설명하셨고, 나는 누구보다 빠르게 내용을 이해했고, 한 친구와 함께 질문을 쏟아 내며 수업에 몰입하고 있었다. 그러자 선생님께서 단호하게 말씀하셨다.

"조금 기다려. 친구들이 이해할 시간을 줄 줄도 알아야 해."

그때 나는 무언가를 잘한다고 해서 무조건 앞서 나가는 것이 옳은 게 아니라는 것을 배웠다. 함께하는 환경에서는 속도를 조절할 줄 아는 태도가 필요하다는 사실을 처음 인식한 순간이었다.

이 경험은 이후 조직에서 사람들과 함께 일할 때 늘 마음에 새기는 원칙이 되었다. 의욕이 강하고 실행력이 빠른 나의 성향이 때로는 팀 내 균형을 무너뜨릴 수 있기 때문이다. 한대협에서 리더로 활

기회를 부르는 1%의 법칙

동하며 다양한 팀을 이끌고 관찰해 온 결과, 혼자서만 빠르게 가는 사람은 팀 내에서 의외로 신뢰를 잃기 쉽다는 것도 자주 확인했다.

한 팀장이 있었다. 몇몇 팀원들이 제출한 과제물에 대해 팀장은 성의껏 피드백을 해 주었지만, 그 피드백이 실제 결과물에 반영되지 않았다. 그는 점점 답답함을 느꼈다. 다른 팀의 업무 진행 속도를 보며 조바심이 나기도 했다. 그때 이 팀장이 선택한 방식은 팀원들과 더 깊이 있게 이야기하거나, 피드백 방식을 구체적으로 조율하는 것이 아니었다. 대신에 그는 차라리 자기가 다 처리하는 것이 낫겠다 판단하고, 그 업무를 떠안기 시작했다. 결과는 뻔했다. 팀원들은 점차 팀에 기여하고 있다는 감각을 잃었다. 팀에 대한 소속감도, 일에 대한 몰입도도 점점 떨어졌다. 팀장도 팀장대로 과중한 업무에 점점 지쳐 갔고, 팀은 활력을 잃어 갔다.

이 사례의 핵심은 아무리 역량이 뛰어난 사람이라도 팀 안에서 '혼자 다 하는 사람'이 되면 팀 전체의 성장 기회를 막을 수 있다는 점이다. 그런 의미에서 앞서나가는 것이 반드시 좋은 것은 아니다. 나의 속도만큼 팀원들의 상황과 리듬을 고려해 조율할 수 있는 능력이야말로 팀 활동에 필요한 덕목인 셈이다.

이 속도 조절은 인간관계의 문제를 푸는 데에도 적용된다. 예를 들어 자신은 마음에 불편한 것이 있으면 빨리 이야기해서 풀어 버리고 싶어 하는 성향일지라도, 상대방은 감정이 풀리는 데 시간이 오래 걸리는 사람일 수 있다. 이럴 때는 나의 속도만을 기준으로 삼지 말고, 그 사람의 감정 흐름을 배려하며 기다려 주는 태도가 필요하다. 관계란 함께 만들어 가는 것이다. 그러므로 감정의 회복에도 '속도 조절'이 필요하다.

한 리더의 예를 들어 보자. 그는 기획력도 뛰어나고, 팀원들과의 대화도 능숙한 편이었다. 그런데 어느 순간부터 그가 나를 비교 대상으로 인식하고 있다는 느낌이 들기 시작했다. 물론 직접적으로 표현하지는 않았지만, 표정, 행동, 분위기에서 그런 점들이 느껴졌다. 나는 그의 성향이 방어적이라는 것을 알았기에 일부러 따지거나 캐묻지 않았다. 그에게 시간이 필요하다고 생각했기 때문이다. 그저 그를 위해 기도하며 기다렸다. 그렇게 2년쯤 흐른 어느 날, 그가 내게 조용히 말했다, 그동안 자신이 비교하느라 많이 힘들었고, 이제는 그런 감정에서 벗어났다고. 그는 이제는 마음이 편하다고 고백했다. 그 순간, 관계에서도 속도 조절이 얼마나 중요한지를 다시 한번 확인할 수 있었다.

속도 조절은 단순히 배려의 차원을 넘어선다. 함께 걷기 위한 전략이고, 조직의 지속 가능성을 높이는 리더십의 실천 방식이다. 혼자서 빨리 가는 것보다, 다 함께 멀리 가는 것이 더 큰 가치를 만든다. "혼자 다 했다."라는 말을 자랑처럼 여기는 태도보다는, '우리가 함께 만들었다.'는 결과를 자랑스럽게 여길 줄 아는 사람이 조직에서 오래 살아남는다. 나의 실력만이 아니라, 함께 가는 과정까지 고민할 줄 아는 사람이 결국 더 신뢰받게 된다.

함께 일하고 싶지 않은
사람들의 공통점

실력은 부족해도 되지만, 이것은 부족하면 안 된다

실력은 언제나 중요한 자산이다. 어떤 조직이든 실력이 있는 사람을 필요로 하고, 실력이 있어야 일의 결과가 좋아지는 것도 당연하다. 그러나 실력만으로는 함께 일하고 싶은 사람이 되기 어렵다. 왜냐하면 사람과 함께하는 일에는 실력만큼 중요한 또 하나의 기준, '기본'이 필요하기 때문이다.

실력이 부족한 사람은 오히려 성장 가능성이 있다고도 볼 수 있다. 배울 자세가 되어 있고, 책임감 있게 행동하며, 다른 사람과 원활하게 소통하려는 태도를 가진 사람이라면 조직은 기꺼이 그를 기다리고 도울 수 있다. 하지만 실력이 아무리 뛰어나도 기본이 안 되어 있으면, 함께 일하는 데서 오는 피로감이 훨씬 크다. 기본이 무너진다는 것은 약속을 지키지 않거나, 보고 없이 독단적으로 일을 처리하거나, 피드백에 반응하지 않거나, 연락이 너무 늦고 불성실한 태도를 보이는 것을 의미한다. 이런 모습은 결국 신뢰를 무너뜨린다.

기본의 중요성은 역할이 올라갈수록 더욱 뚜렷해진다. 내가 몸담고 있는 한국대학생인재협회에는 실무진 멘토/국장, 대학생 팀장/부팀장/팀원 순으로 역할이 나뉘어 있다.

팀원에서 부팀장으로 승진하는 것이 가장 첫 단계인데, 이 부팀장 직급은 지원자 중에서 적합한 사람을 선발하는 구조다.

흥미로운 사례가 하나 있다. 어떤 학생이 부팀장 지원을 했는데, 활동에 적극적으로 임했고, 일머리도 매우 좋은 친구였다. 주변에서도 그 친구는 유능하다는 평이 많았다. 하지만 지각이 잦은 문제로 인해 최종 승진 대상에서는 제외되었다. 실력이 없어서가 아니라, 기본적인 태도에서 신뢰를 얻지 못했기 때문이다. 이는 조직이 무엇을 우선으로 생각하는지를 보여 주는 단적인 사례이다.

직급이 올라갈수록 기본에 대한 기대치는 점점 높아진다. 부팀장은 팀원보다 신속하고 정확한 보고를 요구받는다. 또한 팀장은 프로젝트를 책임지는 자리인 만큼, 결과뿐 아니라 과정을 거짓 없이 보고할 수 있는 정직성과 책임감이 중요하다. 실무진 국장은 그보다 더 높은 수준의 기본 역량을 갖춰야 한다. 팀 전체의 흐름을 조율하고, 인적 관리나 시스템 개선 논의를 실무진 간에 주고받기 때문에, 입이 무겁고 균형 잡힌 판단력이 필수이다. 같은 '기본'이라도 지위가 높아질수록 더 정교하게, 더 깊이 있게 요구되는 것이다.

신뢰는 예측 가능성에서 시작된다. 어떤 상황에서도 그가 말한 대로 행동할 것이라는 믿음, 맡은 일을 책임지고 끝까지 해낼 것이라는 믿음, 문제가 생겼을 때 회피하지 않고 설명할 것이라는 믿음. 이 예측 가능성을 무너뜨리는 가장 흔한 원인은 바로 '기본'을 반복해서 어기는 행동이다. 실수는 누구나 할 수 있지만, 기본을 반복해서 무시한다면 그것은 단순한 실수가 아니라 태도의 문제로 간주된다.

기본은 실력의 기반이기도 하다. 아무리 좋은 성과를 낸 사람이라 해도, 주변으로부터 신뢰를 잃게 되면 기회는 제한된다. 반대로 실력이 아직 완성되지 않았더라도 기본이 잘 갖춰진 사람은 점차 중요한 역할을 맡게 된다. 조직은 단기 성과보다 오랫동안 함께할 수 있는 사람, 즉 실력과 기본을 함께 갖춘 사람을 신뢰하기 때문이다.

기본을 지킨다는 것은 대단한 일을 하라는 게 아니다. 회의 시간에 늦지 않고, 맡은 업무를 제때 보고하며, 연락했을 때 적절한 시간 안에 응답하고, 인사나 태도에 예의를 갖추며, 실수를 감추지 않고 정직하게 말하는 것, 이 단순한 행동들이야말로 신뢰를 쌓는 가장 강력한 방법이다. 기본은 실력을 대신하지는 못하지만, 실력을 빛나게 해 주는 힘이 있다.

실력이 있으면 인정받지만, 기본을 갖추면 함께 일하고 싶어진다. 실력 있는 사람이 기본까지 잘 갖추고 있으면 누구에게나 환영받지만, 실력이 아무리 뛰어나도 기본이 무너져 있으면 곁에 두기 부담스럽다.

물론 실력을 갖추는 것도 중요하다. 실제로 조직은 실력을 기준으로 사람을 평가한다. 하지만 실력만으로는 '함께하고 싶은 사람'이 되기 어렵다. 기본이 그 사람의 신뢰도를 결정하는 또 하나의 기준인 이유이다.

함께 오래가는 사람은 실력과 기본을 모두 갖춘 사람이다. 한쪽만으로는 오래가지 못한다. 특히 기본은 실력보다 먼저 드러나고, 훨씬 더 빨리 신뢰를 무너뜨린다. 그래서 실력을 존중하는 조직일수록 기본을 지키는 태도도 함께 본다. 기본이 무너지지 않게 관리하는 것이, 결국 실력을 오래 끌고 갈 수 있는 힘이 된다.

📁 **기본을 점검하는 체크리스트**

작지만 중요한 기본, 나는 잘 지키고 있을까?

☑ **업무 기본**
- Ⓠ 마감 기한을 정확히 지키고 있는가?
- Ⓠ 업무의 진행 상황을 중간에 보고하고 있는가?
- Ⓠ 혼자 판단하지 않고, 결정 전에 상의하고 있는가?
- Ⓠ 저작권, 사실 확인 등 기본적인 검토 절차를 거치는가?
- Ⓠ 지시나 요청을 들었을 때 즉시 메모하거나 확인하고 있는가?

☑ **관계 기본**
- Ⓠ 지각 없이 약속 시간을 지키고 있는가?
- Ⓠ 무단결석, 사전 고지 없는 불참은 없는가?
- Ⓠ 먼저 인사를 하고, 밝은 태도를 유지하려고 노력하는가?
- Ⓠ 메시지나 전화에 대한 응답이 빠른 편인가?
- Ⓠ 실수를 했을 때, 감추거나 둘러대기보다 솔직히 말하는가?

☑ **태도 기본**
- Ⓠ '이 정도는 괜찮겠지' 하는 마음으로 기본을 무시하고 있지는 않은가?
- Ⓠ '대충'이라는 말과 행동을 당연하게 여기고 있지는 않은가?
- Ⓠ 팀이나 공동체 안에서 '나 하나쯤이야'라는 생각을 한 적은 없는가?
- Ⓠ 피드백을 받을 때 방어적으로 반응하지 않고 수용하려 노력하는가?
- Ⓠ 문제 상황이 생겼을 때 책임을 따지기보다 해결 방법을 먼저 찾는가?

Tip

위 항목 중 '아니오'로 답한 문항이 3개 이상이라면, 지금이 바로 기본을 다시 세울 때이다. 기본은 작지만, 가장 큰 차이를 만드는 힘이다.

5장

일, 시간 관리도
결국 태도다

시간 관리 노하우보다 먼저
일에 대한 정서부터 체크해 보자

사실은 스킬의 문제보다 정서의 문제가 많다

나는 매주 토요일 한국대학생인재협회에서 학생 팀장들과 함께 그룹 멘토링을 진행하고 있다. 지난주 한 팀장이 자기 고민을 털어놓았다.

"저는 평소 하루에 5시간 정도 여유 시간이 있는데도, 늘 일을 미루다가 마감 직전에 겨우 처리해요. 기한이 다가올 때의 불안감이 저를 움직이게 만들죠. 그런데 이런 방식이 싫고, 고치고 싶어요."

그 친구는 현재 휴학 중이며, 한대협 활동과 주 2회 아르바이트만 하고 있는 상황이었다. 충분한 시간이 있음에도 일을 제때에 시작하지 못하고, 늘 벼락치기로 몰아서 하는 자신을 바꾸고 싶다는 것이었다.

그 이야기를 들으면서 나는 '이것은 시간 관리 스킬의 문제가 아니라, 일에 대한 정서의 문제구나.'라는 생각이 들었다. 그리고 멘토링 자리에서 그 친구에게 나의 경험과 접근 방식을 공유했다.

결론부터 말하자면, 일을 미루는 문제는 스케줄표나 할 일 목록 작성보다 먼저, 내가 일이라는 것에 어떤 감정을 갖고 있는가를 점검해야 해결의 실마리를 찾을 수 있다.

우선, 내가 하는 일들을 나열해 보겠다. 나는 개인 사업과 한대협을 운영하고, 두 아들을 키우고 있다. 사업의 경우는, 마케팅 대행업이 주된 업으로, 여러 고객사와 매출 확장을 위해 다양한 시도를 하며 일하고 있다. 매일 달라지는 고객사 사정에 맞추어 시장을 모니터링하고 새로운 방안, 비용 효율적인 방안을 제안하며 적극 대응한다.

한대협의 경우, 대학생들을 모집하는 공채 기획을 하고, 대학생들이 다채로운 실무 경험을 할 수 있도록 영업, 인스타·블로그·유튜브 마케팅, 기획, 인사 등의 프로젝트를 기획한다. 그리고 대학생 팀들의 최종 기획안을 피드백한다. 여기에 매주 팀장들을 대상으로 그룹 멘토링을 진행하며, 한대협 전체 인원을 대상으로 리더십, 인성, 자기 계발 방향성 등을 교육하고 있다. 또한 'e-한대협'이라는 새로운 프로젝트도 시작해 한대협 서비스를 점진적으로 온라인으로 확장하고자 빌드업하고 있다.

가정에서는 중학교 2학년, 초등학교 5학년인 두 아들을 키우고 있다. 아이들 공부도 봐주고, 저녁밥도 지어 먹인다. 오후 시간은 아이들 소리로 복작복작하다. 최근에는 브런치에 글을 쓰기 시작했는데, 일주일에 두세 번은 쓰고 있다.

한대협은 만 18년, 사업을 한 지는 만 11년, 자녀 양육은 만 14년이 됐다. 다양한 역할을 오랜 시간 잘 소화해 온 데에는 시간 관리 노하우도 있겠지만, 그 스킬보다 일을 대하는 마음가짐이 더 중요했다고 생각한다. 그 마인드 덕분에 지속적인 열정으로 일할 수 있었으며, 시간 관리 노하우도 생겼기 때문이다.

내가 꾸준히 일할 수 있었던 힘은 불안이나 강박이 아니었다. 완벽주의도 아니었고, 누군가와 비교하고 경쟁한 것도 아니었다. 성공에 대한 집착도 아니며, 일에 중독되어서도 아니었다. 무보수로 20년 가까이 한대협에서 일해 온 걸 보면 돈 때문도 아니었다. 내가 한대협과 사업, 가정에서 꾸준히 일할 수 있었던 본질적인 힘은, 일에 대해 감사하는 태도였다.

좀 더 자세히 말하면 리더, 대표, 엄마로서 일을 할 때 누군가로부터 신뢰를 받았기 때문에, 역할을 해 올 수 있었다. 나는 그 믿음이 쉽게 주어지는 것은 아니라고 생각한다. 나 아니어도 누구나 다 할 수 있는 일이라 할지라도, 이 일이 내게 주어졌다는 사실은 틀림 없지 않은가? 나는 누군가가 나를 믿고 그 역할을 맡겨주었다는 사실에 집중한다. 이 마음가짐이 별 것 아닌 것 같겠지만, 일을 오랜 시간 기복 없이 지속하기 위해서는 이런 감사의 마음을 계속 리마인드 하는 것이 중요하다.

나는 평상시에 노트북을 켜고 일하는 시간이 많다. 그럴 때마다 달달한 커피를 옆에 두고, 가곡이나 재즈 피아노 음악을 듣는다. 일을 긍정적으로 대하기 위해서는 물리적인 환경 조성도 무시할 수 없다. 그리고 살짝 부끄럽지만, 마음속으로 일에 몰입하는 나 자신이 멋지다고 생각한다. 다른 사람들도 자신이 일할 때 멋지다고 생각하면 좋겠다.

나와 오래 일해 본 사람들은 알겠지만, 대체로 나는 일을 미루지 않는 편이다. 이것도 마음가짐에 달려 있다. 나는 일을 완벽하게 하려는 마음, 잘하려는 마음을 경계하는 편이다. 그 마음이 지나치면 오히려 일에 달려들기 어렵고, 벼락치기로 시험 공부하듯 마감 기한에 닥쳐서 일하게 되기 때문이다. 그런 업무 습관은 개인에게도 엄청난 스트레스를 주고, 그 스트레스로 인한 예민함이 가까운 사람들을 힘들게 하기도 한다. (만약 그런 업무 습관이 있다면 교정하는 것이 좋다.)

나는 일을 할 때 "일단 시작하자."라고 생각한다. 말 그대로 별생각 없이 그냥 시작하고 본다. 그 일이 짧은 시간에 해결되는 거라면 시작하고 바로 끝을 보지만, 장시간이 소요될 업무는 며칠 뒤에 종료하더라도 일단 시작해 두는 것이 내 업무 방식이다. 시작을 주저하면 일은 한없이 늘어지고, 그만큼 스트레스를 받는 법이다. 별생각 없이 가벼운 마음으로 시작부터 해 두면 끝을 보기도 쉽다.

이렇게 시작을 해 두었으니, '나는 그 일을 미루지 않았고, 이미 진행하고 있다.'라는 생각을 한다. 일을 아예 진행하지 않았을 때의 심적인 부담감과 비교하면, 이 생각은 엄청나게 스트레스를 줄여 준다. 또 자기 효능감을 높여 준다.

나는 또한 문서를 작성하거나 강의 준비를 할 때 '이 일은 내가 잘하는 거잖아.'라며, 스스로를 격려한다. 이 격려가 일에 대한 정서를 긍정적으로 만들며, 일할 동력이 되는 것 같다.

마지막으로 일의 성과에 대해서는 내 소관이 아니라고 생각한다. 결과에 대한 불안이나 걱정이 없는 편이다. '하는 데까지 해보자.'라는 자세로 임하되, 결과는 하늘에 달려 있다고 생각한다. 결과가 안 좋다면 그 원인을 찾아 개선하면 된다고 생각한다. 그리고 뭐든지 그 노력을 지속하면 결국 결과는 따라온다고 생각한다.

지금까지 풀어놓은 것을 정리하면, 일이 주어졌다는 것은 근본적으로 '누군가가 보여 준 나에 대한 신뢰'이다. 그 신뢰에 감사하는 자세, 보답하는 자세로 임하자. 또한 자신이 좋아하는 분위기 속에서 일하도록 커피, 음악 등으로 환경을 조성해 보자. 일을 잘하려는 마음을 경계하고, 그냥 일단 시작하자. 일하는 동안에는 자신이 그 일을 잘 해낼 수 있는 근거를 생각하며 스스로를 격려하자. 결과는 내 소관이 아니므로 생각하지 말자. 그냥 하는 데까지 열심히 해 보자. 한마디로 정리하면, 겸손하고 가벼운 마음, 이 마음이 나를 롱런하게 하고, 훨훨 날아오르게 하는 동력이다.

시간 관리는
루틴이 잡혀야 가능하다

건강하고 생산적인 루틴으로 일상을 살아가는 습관을 길러야 한다

나의 청소년기에는 학업이 거의 전부였다. 대외 활동이라고 해봐야 교회 사역을 했던 것이 전부였다. 그러다 대학생이 되면서부터 어학, 전공 공부를 하며 연극 공연, 영어 토론, 대학 방송국, 한국대학생인재협회, 인턴, 교회 사역 등 다양한 활동을 경험했다. 학업과 여러 대외 활동을 성공적으로 수행하기 위해 시간 관리를 철저히 했다. 1학년 때부터 여러 가지 시도를 해 보았고, 그러다 나만의 루틴이 안정되기 시작한 것은 2학년 때부터였던 것 같다. 6시 새벽 기도를 마치고 학교로 출발, 8시 정도에 도서관에 도착해 그때부터 오후 6시까지 수업이 있을 때는 수업을 다녀오고, 그 외의 시간에는 어학과 학업을 꾸준히 했다. 예습, 복습을 철저히 해 두고, 한순간에 과제가 몰리지 않게 과제를 미리미리 틈틈이 해 두었다. 그렇게 한 결과, 4학년 1학기에 수석 및 조기 졸업을 할 수 있었고, 풍성한 실무 경험을 쌓은 뒤, 만 23살에 SKT 자회사 전략기획실에서 커리어를 시작할 수 있었다.

대학 시절, 꽤 많은 선배와 동기들이 학점 관리를 비롯해 시간 관리, 자기 관리에 실패하는 것을 보았다. 중·고등학생 때는 공교육이라는 제도 안에서 루틴에 맞게 살지만, 대학생이 되면 그런 루틴이 없으니 그 사람 고유의 자기 조절 능력이 수면 위로 드러나기 시작한다. 즉, 그의 시간 관리, 자기 관리 역량이 적나라하게 나타나는 것이다.

대학생 때부터 지금까지 20년 동안, 나는 한 가지만 해 본 적이 없다. 나는 늘 여러 활동을 병행했고, 전략기획실에 다닐 때에도 한국대학생인재협회 리더 생활을 겸했으며, 현재는 사업을 하면서 아들 둘을 키우며, 여전히 한대협을 이끌고 있다. 그리고 작년 여름부터 브런치를 시작해 매주 2~3개씩은 꾸준히 글을 쓰고 있다. 바쁜 일정 속에서도 꾸준히 운동도 하고 취미 생활도 하며 사랑하는 이들과 함께 풍요로운 삶을 살고 있다.

오랜 시간 동안 여러 활동을 건강하게 병행할 수 있었던 데에는 여러 가지 요인이 있겠지만, 나만의 루틴을 잡고 규칙적으로 생활했던 것이 가장 크다. 그렇다고 루틴에 매여 강박적으로 살지는 않는다. 특별한 일이 아니고서는 게으름 피우거나, 놀지 않고 부지런하고 성실하게 생활 리듬을 지켜 왔다.

경험상 학업만 충실하면 됐던 때에는 시간 단위로 쪼개서 계획을 세우는 방식이 유용했지만, 여러 가지 일을 처리해야 하고 갑작스러운 일들이 많이 생기는 경우에는 시간 단위의 계획이 적합하지 않았다.

결혼하면서 가족 행사가 많아지고, 두 아이를 키우면서 병원도 갑작스럽게 가야 하는 등 예측하지 못하는 일들이 굉장히 많이 생겼다. 이런 상황에서 시간 단위로 계획을 촘촘하게 세우면 현실적으로 지키기도 어려울뿐더러 스트레스를 받는다.

그래서 나는 시간을 큰 덩어리로 묶어서 사용하고 있다. 오전 시간부터 아이들이 하교하기 전까지는 운동과 업무 시간으로 보내며, 아이들이 하교하고 오후 10시까지는 저녁을 차리고 아이들과 이야기 나누고 공부를 가르치는 시간으로 보낸다. 아이들이 공부할 때 틈틈이 업무를 하기도 한다. 그 이후 자정이나 새벽 1시까지 내 업무 시간으로 활용한다. 수면 시간은 최소 7시간 이상은 자려고 노력한다.

이렇게 큰 덩어리로 시간을 사용하면서, 그날 하루의 할 일 목록을 제거하며 성취감을 느낀다. 나는 일을 미루지 않는 편이다. 가끔 갑작스러운 일정이 생겨 시간이 부족해서 미루는 경우가 있는데, 그렇게 미뤄도 하루 이틀 정도지, 그 이상은 미루지 않는 편이다.

이런 습관이 20년 가까이 되다 보니, 작은 성취감들이 지속적으로 축적되어 건강한 자긍심이 생겼다. 중간중간 위기가 있었지만 흔들리지 않고 나만의 루틴을 유지하며 리더 생활과 경제생활을 꾸준히 해 왔다. 그러다 보니 꾸준히 하는 것에 대해서는 자신이 생겼다. 근거 없는 자신감이 아니다. '알차게 살아온 20년'이 내게는 근거이자 데이터이다. 칠전팔기의 정신으로 앞으로의 미래도 잘 헤쳐 나갈 수 있을 것이라 생각한다.

충실한 하루를 보내고 싶다면 자신의 건강과 에너지 상태, 상황에 맞게 건강하고 생산적인 루틴을 갖출 것을 권한다. 이를 잘 지키며 살아간다면 시간 관리, 자기 관리는 저절로 잘하게 된다. 이는 업무의 생산성도 높여 주고, 삶의 질도 높여 준다. 더불어 자신감이 생기면서 삶을 대하는 태도가 더 의욕적으로 변화한다. 진취적으로 살게 되며 도전하게 된다. 또한 앞으로의 인생도 잘 살 수 있을 것이라는 기대가 생기며, 아무리 넘어져도 오뚝이처럼 다시 일어나는 회복 탄력성도 높아진다.

만약, 현재 불규칙하게 살거나 하루하루를 즉흥적으로 보내고 있다면, 자신만의 건강하고 생산적인 루틴을 잡아 볼 것을 제안한다.

기회를 부르는 1%의 법칙

마음이 빠진 '투두리스트'가
우리를 지치게 한다

일은 해치우는 게 아니라, 의미를 전하는 것이다

우리는 하루에도 수많은 일을 '투두리스트(To Do List)'에 올리고, 그것을 하나씩 지워 가며 살고 있다. 그렇게 매일 해야 할 일들을 성실히 해나가고 있음에도 불구하고, 왜 하루가 끝날 무렵이면 보람보다는 피곤함과 허무함이 더 크게 다가오는 걸까? 이유는 간단하다. 바로 우리가 만든 '투두리스트'에 '마음'이 빠져 있기 때문이다.

얼마 전 교생 실습을 하는 대학생 한 명이 그룹 멘토링 시간에 진솔한 이야기를 들려 주었다. 그는 아이들을 가르칠 교안을 만드는 작업을 단순히 빨리 끝내야 하는 과제로만 생각했다고 한다. 그러다 어느 순간, 문득 중요한 사실을 깨달았다. 자신이 교안을 만드는 이유는 단지 제출 기한에 맞춰 일을 마치는 데 있는 게 아니라, 아이들 한 명 한 명을 사랑하고 그들의 성장을 도와주기 위해서라는 사실을. 본질적인 목적을 잊고 있었다는 그의 고백은 내 마음에 깊은 울림을 남겼다.

일을 하는 본질은 무엇일까? 물론 빨리 끝내고 성취감을 느끼는 것도 중요하지만, 일의 진짜 가치는 그 안에 담긴 의미를 발견하고 누군가에게 전하는 데 있다. 같은 일을 하더라도, 우리가 어떤 마음가짐으로 임하는지에 따라 결과물은 물론이고, 과정까지 완전히 달라진다.

가령, '투두리스트'에 흔히 올라오는 '기획 PT 발표 준비하기'라는 항목을 살펴보자. 만약 이 업무를 단지 '체크리스트'에서 빨리 지워 버리기 위한 과제로만 여긴다면, 발표 자료는 그저 표면적인 정보로 가득 찬, 형식적이고 딱딱한 내용에 머물 가능성이 크다. 발표자의 목소리에는 열정보다는 성의 없음이 묻어나고, 그 모습을 보는 이들도 금세 지루함을 느끼게 될 것이다.

그러나 만약 같은 업무를 '우리 팀이 오랜 시간 정성을 들여 준비한 내용을 제대로 전달해 의사 결정자들을 잘 설득해야겠다.'라는 마음으로 접근한다면 어떨까?

그러면 준비 과정부터 달라진다. 자료를 더욱 꼼꼼히 살피고, 핵심 메시지를 명확히 하기 위해 많은 고민과 애정을 쏟게 된다. 발표 순간에도 듣는 이들과 진심으로 소통하려는 마음이 자연스레 표현된다. 그렇게 발표자의 열정과 진정성은 듣는 사람들의 마음을 움직이고, 그 일에 의미와 생명력을 불어넣는다.

필자가 대학생들을 대상으로 매주 진행하는 '리더십 마스터 클래스' 강의 역시 마찬가지다. 이 일을 단순히 매주 처리해야 하는 업무로만 바라봤다면, 강의 준비는 그저 끝없는 부담감과 피로만 쌓여 가는 시간으로 전락하고 말았을 것이다. 그러나 대학생들을 향한 진심 어린 애정과 관심을 품고 강의 준비를 시작했기에, 그 과정 자체가 나에게 의미 있는 시간이 되었다.

학생들의 얼굴을 떠올리고, 그들과 나누었던 이야기들을 되새기며, 그들에게 지금 무엇이 가장 필요한지 진지하게 고민하게 된다. 강의 중에도 학생들에 대한 애정 때문에 저절로 미소가 지어지고, 때로는 그들의 부정적이거나 이기적인 언행을 교정하려다 답답한 마음에 목소리가 높아지기도 한다. 그렇게 진심을 담아 노력하다 보면 내 마음이 학생들에게도 잘 전달되는 것을 느낀다. 그리고 강의를 통해 학생들의 생각과 행동, 삶을 대하는 태도가 긍정적으로 달라졌다는 이야기를 듣게 되는 순간이야말로 나에게는 가장 큰 기쁨이다.

의미가 없는, 마음이 빠져 있는 '투두리스트'는 우리의 하루를 단순한 노동과 소모의 연속으로 만들어 버린다. 반면, 우리가 하는 일의 의미를 발견하고 그 의미를 전하려는 마음으로 임할 때, 일상은 단순한 일이 아니라 우리에게 깊은 울림과 에너지를 전하는 삶의 일부가 된다.

지금 당장 이번 주 '투두리스트'를 한번 펼쳐 보자. 거기 적힌 항목들을 바라보며, '빨리 끝내야 할 일'이 아니라, '누군가에게 전할 의미'를 한 번 더 생각해 보면 어떨까? 그 작은 마음의 변화가 우리 일상과, 하루를 살아가는 에너지를 놀랍도록 달라지게 할 것이다. '투두리스트'에 '마음'을 더하는 순간, 지쳐가던 우리의 삶이 다시 생기와 의미로 가득 채워진다.

기한이 정해진 일을
계속 붙잡고 있으면 안 된다

정답이 없는 일, 연구가 필요한 일들은 기한을 정해놓고 고민하라

업무 기한을 못 맞추는 사람들이 제법 많다. 기한을 못 맞추는 데에는 다양한 원인이 있을 것이다. 여기서는 일을 오랜 시간 붙잡고는 있는데 투자 시간 대비 결과물이 엉성한 경우에 대해 다뤄 보고자 한다.

정해진 틀 안에서 움직이는 반복적인 업무가 아닌 이상, 대부분의 업무는 목표가 있고 이를 달성하기 위해 고민하고 공부해야 한다. 아이디어 구상, 전략 도출, 기획안 작성, 콘텐츠 제작, 디자인 등 모든 일에는 자료 조사와 분석, 인사이트 도출, 현 프로젝트에 맞게 적용하는 부분들이 동일하게 요구된다.

예를 들어, SNS 콘텐츠 기획안('A'라고 하자.)을 1주일 뒤 제출해야 하는 상황에서, 앞서 말한 이들의 경우에는 5~6일 내내 이것저것 조사만 하다가, 마감 일자에 부랴부랴 퀄리티 떨어지는 기획안을 내는 경우가 많다. 이들은 업무 효율성이 낮다고 볼 수 있다. 스트레스도 많이 받는다. 마감 기한은 다가오는데 일에 진척이 없어 심리적 압박을 느끼기도 하고, 투자 시간 대비 결과물(아웃풋)이 좋지 않아서 스트레스를 받기도 한다. 해당 업무를 붙들고 있느라 다른 업무에 차질이 생겨 힘들어 하기도 한다. 게다가 기한을 자꾸 놓치면 신뢰를 잃게 된다. 이런 고충을 겪고 있는 이들에게 내 방식이 조금이나마 도움이 되었으면 한다.

기획, 영업, 마케팅, 디자인 등 일에는 정답이 없다. 그러다 보니 "이것보다 더 나은 건 없을까?"라고 생각하며 고민의 늪에 빠지기 쉽다. 그런데 A 업무에 주어진 기한은 항상 정해져 있기 때문에, A를 수행하는 데 필요한 자료 분석(a), 인사이트 도출(b), 기획안 작성(c) 등 세세하게 일을 쪼개고 a, b, c 등에 대해 목표 시간을 정해야 한다. 이를테면, 몇 날 며칠 계속 자료 취합만 하지 말고, 'O시간 내에 유사한 SNS 레퍼런스 조사를 끝낸다'와 같이 기한을 두는 것이다.

이를 정하지 않으면 끝없는 분석과 고민에 빠져 시간을 낭비하게 된다. 기한을 설정할 때에는 가용 시간과 집중력 등을 고려하여 현실적으로 설정하는 것이 좋다. 여러 번 실제 업무를 해보며 1시간 동안 자신이 어느 정도의 업무를 소화하는지, 업무 생산성 파악이 되어 있어야만 적절한 기한을 정할 수 있을 것이다.

아울러 완벽하지 않더라도 일정 시점에서 결론을 내리는 습관이 필요하다. 기획안을 작성할 때 계속 수정하며 붙들고 있는 것이 아니라, 정해진 기한이 됐으면 '이 정도면 충분하다.'라고 결정을 내려야 한다. 그래야 다른 업무도 처리할 수 있고, 마감 기한도 맞출 수 있다.

대부분의 업무는 완벽함보다는 완료가 중요하다. 즉, 완벽보다는 주어진 시간 내에 최선의 결과물을 만드는 것이 중요하다는 뜻이다. A 업무를 할 때에도 100점짜리 완벽한 기획안을 쓰겠다는 마음으로 하기보다는 85점 정도를 목표로 써 보자. 이것이 오히려 심적 부담을 줄여 주고, 더 좋은 결과물을 이끌어 낸다. 이런 노력을 통해 제한된 시간 안에 문제를 해결하는 습관을 체득하게 되며, 이는 결과적으로 높은 업무 효율성으로 이어진다.

업무 생산성을 높이는 꿀팁을 하나 더 공유하자면, 상사가 보고를 요구하지 않아도 중간중간 자발적으로 일의 진행 상황과 자신이 준비한 내용을 보고하고, 피드백을 받아 보기를 추천한다. 피드백을 통해 잘못된 방향이나 내용을 빨리 교정할 수 있는데, 이는 팀의 업무 효율성을 높여 준다.

이와 같이 기한을 잘 지키는 체계적인 업무 습관과 적극적인 업무 커뮤니케이션까지 겸비하고 있다면, 함께 일하는 사람들의 호의적인 평가는 당연히 따라올 것이다.

결론적으로, 기한을 지키며 효율적으로 일하기 위해서는 세

부 업무들에 대해서 현실적인 기한을 정해 놓고 고민하라고 조언하고 싶다. 그리고 일정 시점이 되면 결단을 내리자. 피드백을 기꺼이 받고 완벽보다는 최선에 집중하자.

이러한 노하우를 적용시키며 일한다면, 기한을 지키며 일하는 자기 자신에 대한 긍정심이 생긴다. 자신의 시간 관리, 업무 처리 능력에 대한 자기 효능감이 높아진다. 상대적으로 심리적 부담감이나 압박감이 매우 줄어들 것이며, 결과물은 이전보다 더 좋아질 것이다.

'오늘은 ~할 기분이 아니야?'
아마추어의 변명을 넘어서라

기분은 결과물이다. 프로가 되려면 '아묻따' 시작하라

학생이 '오늘은 공부할 기분이 아니야.'를 따지면 학업에서 의미 있는 성과를 거둘 수 없고 직장인이 '오늘은 일할 기분이 아니야'라는 생각을 하면 일에서 전문성을 확보하기 어려워진다. '오늘은 사람들과 연락할 기분이 아니야'라고 생각하는 사람은 연락 두절, 잠수 등의 행태를 보이게 되고, 결국 사람들의 신뢰를 잃는다. 이렇게 기분에 의존하게 되면 개인의 성장에 방해가 될 뿐만 아니라, 인간관계에도 부정적인 영향을 미친다.

최근에 자신의 기분을 절제, 통제하지 못하고 하루를 망친 적은 없는지, 가정과 직장에서 실망스러운 모습을 보인 적은 없는지 되돌아보자. 그리고 이제는 기분의 노예가 되지 않겠다고 다짐하자. 중요한 것은 기분이 아니라 의지와 결단이다. 기분을 행동의 시작점이 아니라 결과물로 여겨야 한다.

기분은 신뢰할 수 없는 시작점이라는 것을 인지하자. 왜냐하면 기분은 일관성이 없고 변덕스럽기 때문이다. 우리는 날씨나 몸 상태, 내 눈에 발견된 먼지, 나를 대하는 상대방의 표정과 말투 등 아주 사소한 것들에 쉽게 영향을 받는다. 이렇게 불안정한 성향의 '기분'에 나의 목표와 계획을 맡기면 실패할 확률이 높아진다. 반대로 기분과 상관없이 묻지도 따지지도 않고 시작하면, 그러한 노력이 결국 기분을 긍정적인 방향으로 이끌게 된다.

예를 들어, 나는 월요일부터 금요일까지 매일 아침 수영을 한다. 그런데 전날 늦게까지 일하거나 몸이 피곤한 날은 '오늘은 그냥 쉬고 싶다.'라는 생각이 스멀스멀 올라온다. 특히 겨울철에는 이불 밖으로 나가는 순간까지도 수영장에 가기 싫은 마음이 들고는 한다. 그래도 나는 그런 생각과 기분은 아예 고려하지 않고 무조건 수영을 하러 간다. 물론 수영장에 도착할 때까지는 여전히 몸이 무겁고, 귀찮은 마음도 남아 있다. 그런데 막상 물에 들어가 몸을 움직이기 시작하면, 서서히 몸이 풀리고 숨이 깊어지며, 신기하게도 기분이 반전된다. 수영을 다 마치고 나올 때쯤에는 개운함과 함께, '오늘도 결국 나 자신을 이겨 냈구나' 하는 성취감과 자신감이 따라온다.

업무도 마찬가지다. 나는 일하기 싫을 때면 '일단 5분만 해 보자', 또는 '보고서 프레임만 만들어 놓자.'라는 생각으로 시작한다. 그러다 보면 어느새 많은 일을 미루지 않고 처리하게 되고 스스로 성취감을 느끼며 뿌듯해진다. 이처럼 부정적인 기분에 잠식되지 않고 일단 행동을 함으로써, 긍정적인 기분이 그 뒤를 따르게 만들어야 한다. 이를 이해하면 "기분이 나빠서 못 하겠다."라는 핑계를 스스로에게 더 이상 대지 않게 된다.

한대협에서 대학생들과 함께 활동하다 보면, 기분에 좌우되는 태도를 자주 목격하게 된다. 한대협은 본인의 의지에 따라 여러 기수에 걸쳐 장기간 활동할 수 있는 구조인데, 매 기수마다 팀이 달라지기 때문에 팀 분위기도 달라진다.

이전 기수에서 팀워크가 좋고 분위기가 활발했던 경우, 새로운 팀이 비교적 조용하거나 단합이 부족하다고 느껴지면 의욕이 확 꺾이고, 업무 태도에 영향을 받는 학생들이 종종 있다. 실제로 "이번 팀은 좀 별로예요.", "저번 팀이랑 너무 비교돼요." 같은 말들을 듣는데, 그때마다 기분에 따라 행동과 태도가 크게 요동치는 것을 실감하게 된다. 하지만 어떤 팀에 속하든 내가 할 일을 꾸준히 해내는 사람만이 결국 신뢰를 얻고 성장의 기회를 붙잡는다. 기분에 따라 몰입했다가 이탈하는 태도로는 오래가기 어렵다.

만약 기분에 의존적인 성향이라면, 다음의 실천 방법을 따를 것을 제안한다. 먼저, 기분과 상관없이 할 수 있는 작은 행동을 매일 실천해 보는 것이다. 예컨대 하루 5분 산책하기, 아침에 침대 정리하기 같은 간단한 것부터 시작하면 된다.

이와 같은 작은 행동을 실천함으로써, 성취감을 느끼는 빈도를 늘리자. 성취감은 우리에게 행복감을 준다. 그러니 기분이 나쁠수록 작은 목표부터 시작해 보라. 이를 하나씩 이루다 보면 부정적인 기분에서 벗어나 긍정적인 기분이 점점 살아날 것이다.

둘째, 주기적으로 자신의 기분을 돌아볼 수 있는 시간을 가져라. 불쾌한 기분을 느꼈다면, 그렇게 느낀 이유는 무엇이었는지, 자신의 기분을 객관화하는 시간을 갖자. '기분'이 얼마나 사소한 것에 영향을 쉽게 받는지를 눈치 채야 한다. 그리고 다음에는 그와 유사한 상황에서 내가 원하는 기분을 얻기 위해 어떻게 행동해야 할지 정리해 보자.

셋째, 충동적인 기분을 이겨 내고 행동했을 때, 그 후에 느껴진 기분의 변화를 기록해 보자. 그 기록을 통해 행동이 기분을 바꿀 수 있다는 사실을 확신할 수 있을 것이다. 이런 노력들을 통해 기분의 노예에서 완전히 벗어나 기분의 주인으로 성장할 수 있다.

자신의 기분을 외면할 필요는 없지만, 기분을 지나치게 중요시하면 일과 관계를 망친다. 기분은 삶의 불안감을 높이기도 한다. 기분은 행동의 시작점이 아니라 열매라는 사실을 기억하자. 그러니 기분에 휘둘리지 말고 기분을 주도하자. 먼저 행동하고 나서 얻은 긍정적인 기분으로 우리의 삶을 활기차게 만들어 보자. "아묻따(아무것도 묻지도 따지지도 않고) 해야지."라는 결단을 통해 기분을 스스로 만들어 가자. 기분이 좋아질 때까지 기다리지 말고, 행동함으로써 원하는 기분을 끌어오는 것이다.

기회를 부르는 1%의 법칙

시작이 두렵다면, 5분만!

부담 없이 움직이는 가장 쉬운 방법

많은 대학생 친구들이 나에게 시간 관리 비결에 대해 묻고는 한다. 어떻게 하면 더 많은 일을 해낼 수 있을지, 어떻게 해야 미루지 않고 해야 할 일을 빠르게 처리할 수 있을지 궁금해한다. 오늘은 그 질문에 대한 나만의 확실한 답을 공유하고자 한다.

내가 매일 실천하고 있고, 여러 사람들에게도 추천한 이 방법은 간단하지만 놀라운 효과를 발휘한다. 바로 '5분의 힘'을 활용하는 것이다. 이 방법은 일분만 아니라 운동, 집안일, 자기 계발 등 다양한 분야에서 게으름을 피우지 않게 해 주는 강력한 도구다.

얼마 전, 한국대학생인재협회에서 이 비결을 학생들에게 소개했더니 몇몇 학생들이 바로 실천에 옮겼다. 그리고 얼마 지나지 않아 이런 연락이 왔다.

"멘토님! 저 운동 성공했어요! 5분만 해 보자고 한 게 진짜 도움이 됐어요!"

"멘토님! 저 자소서 완성했어요!"

이렇게 성장의 기쁨을 전해 주는 학생들과의 대화는 나에게도 큰 즐거움이다. 그런데 왜 이렇게 간단한 방법이 효과가 있는 걸까? 그리고 왜 우리는 시작조차 하지 못하고 미루게 되는 걸까?

일을 미루는 데는 주로 두 가지 이유가 있다. 첫 번째 이유는, 일을 잘하려는 욕심 때문이다. 완벽하게 해내고 싶은 마음이 클수록 시작하기 전에 심리적 부담이 커진다. '이번에는 정말 잘해야 해.'라는 생각이 머릿속을 가득 채우면, 부담감이 무거운 짐이 되어 일을 시작하기 어렵게 만든다.

두 번째 이유는, 일을 하려면 제대로 준비해야 한다고 생각하기 때문이다. 시간도 넉넉히 확보하고, 모든 준비를 마친 후에 일을 시작할 수 있다는 고정관념이 우리를 가로막는다. 이런 생각이 들면, 일이 크고 복잡하게 느껴지고 결국 "나중에 해야지."라는 핑계를 대며 미루게 된다. 이 두 가지 심리적 장벽을 무너뜨리기 위한 가장 쉬운 방법이 바로 '5분의 힘'이다.

첫째, 진짜로 딱 5분만 해 보자. 운동을 해야 한다면 처음부터 1시간을 목표로 잡지 말고, 딱 5분만 하겠다고 마음먹자. 심지어 그조차 부담스럽다면, 그냥 운동복만 입어 보자. 행동에 대한 부담을 최대한 줄이는 것이 포인트다. 이렇게 단순히 시작만 하기로 마음먹으면 심리적 장벽이 크게 낮아진다. 신기하게도 막상 시작하면 대부분의 경우 '5분 했으니까 조금만 더 해볼까?'라는 생각이 들면서 자연스럽게 다음 행동이 이어진다.

둘째, 완벽하게 하려고 하지 말고 일단 끝내자. 완벽하게 잘 해내야 한다는 생각은 생산성을 떨어뜨리는 가장 큰 적이다. 시작부터 높은 완성도를 목표로 삼기보다는, 엉성해도 좋으니 일단 끝내는 것을 목표로 삼자.

예를 들어, 글을 쓸 때 처음부터 매끄러운 문장을 완성하려고 하면 시작조차 어렵다. 대신에 주제를 잡고 개요를 빠르게 작성한 다음, 거친 형태라도 일단 초안을 완성해 보자. 그 후에 내용을 다듬고 사례나 근거를 추가하면서 글을 발전시키는 것이 훨씬 효율적이다. 이렇게 '빠르게 일단 끝내기'를 목표로 설정하면 시작에 대한 부담이 줄어들고, 이후 수정과 보완 과정을 거치면서 자연스럽게 퀄리티도 높아진다.

마지막으로, 5분 동안이라도 무언가를 해냈다면, 그 결과를 눈에 보이게 정리해 보자. 작은 성공도 명확하게 인식할 때 동기부여가 생긴다. 나 역시 이 방법을 꾸준히 활용하고 있다. 사업, 한국대학생인재협회 활동, 아이들의 공부를 봐 주는 일, 대학원 과제, 운동하기, 영양제 챙겨 먹기 등 모든 일을 '할 일 목록'에 구체적으로 기록한다. 여기서 중요한 것은 작업을 최대한 잘게 나누는 것이다. 예를 들어, 단순히 '대학원 과제하기'라고 쓰는 대신, 'A과목 리포트 주제 선정하기', 'B과목 자료 수집하기', 'C과목 발표 자료 개요 쓰기'처럼 구체적으로 나누어 적는다. 이렇게 쪼개면 할 일을 완료했을 때 성취감을 더 자주 느낄 수 있고, 작은 성공들이 점점 더 큰 동기 부여로 이어진다. 나는 주로 '네이버 캘린더'를 사용해 목록들을 정리하고, 핸드폰 화면에 위젯으로 고정해 두고 있다. 이렇게 하면 해야 할 일이 늘 눈에 보이기 때문에 자연스럽게 집중력을 유지할 수 있다. 완료한 항목을 체크할 때마다 느껴지는 뿌듯함이 하루의 피로를 잊게 해 줄 만큼 크다.

이 방법의 핵심은 '작게 시작하는 것'이다. 완벽한 계획이나 대단한 결심은 필요 없다. 부담 없이, 가볍게 한 걸음 내딛는 것이 가장 강력한 전략이다. 해야 할 일이 머릿속에서 커지기 전에, 딱 5분만 투자해 시작해 보자. 일단 시작하면 예상보다 훨씬 많은 일을 해낼 수 있다. 그리고 그 성취가 쌓이면, 결국 당신의 일상과 삶이 완전히 달라질 것이다. 아직도 시작이 두렵다면, 그냥 이렇게 생각해 보자.

"딱 5분만 해 보자."

작은 시작이 생각보다 더 큰 변화를 만들어 낼 수 있다. 혹시 미루어둔 일이 있다면, 지금 바로 타이머를 맞춰보자. 그 5분이 당신의 하루를, 그리고 인생을 바꾸는 첫걸음이 될지 모른다.

기회를 부르는 1%의 법칙

절대적인 내 시간은 없다

인생의 변수를 품고 살아가는 지혜

우리는 종종 '나만의 시간'을 절대적으로 보호하고 싶어 한다. 일정이 빽빽할수록 더욱 그렇다. 계획한 대로 모든 일이 완벽하게 진행되어야만 마음이 놓이고 안정감을 느낀다. 하지만 삶은 우리의 계획과 상관없이 늘 예측하지 못한 변수들로 가득하다.

나는 중·고등학교 시절, 시간과 날짜 단위로 세밀하게 공부 계획을 세우고는 했다. 어떤 과목을 언제, 얼마나 공부할지까지 철저히 정해 놓고 지켰다. 그런데 이렇게 완벽하게 세워 둔 계획을 방해하는 일들이 자주 발생했다. 부모님이 갑자기 외식을 제안하거나, 친척이 예고 없이 방문하면 짜증이 나고 스트레스를 받았다. 지금 돌이켜보면 나는 내 계획에 스스로 매여 자신을 괴롭히고 있었던 것이다.

사업을 하며 두 아이를 키우는 지금, 내 삶은 그 어느 때보다 예측하기 어려운 변수들로 가득하다. 고객사의 배송 문제로 급히 대응해야 할 때도 있고, 아이들이 갑자기 아파 병원에 가야 하는 일도 자주 발생한다. 예상치 못한 일들로 하루의 계획이 자주 바뀐다. 이런 현실을 겪으며, 결혼 전의 내가 얼마나 나 자신을 중심으로 내 시간을 절대적으로 여겼는지 절감하게 되었다.

결혼 이후 나는 배우자와 자녀, 배우자의 가족과 함께하며 나뿐 아니라 타인을 돌보는 삶을 살게 되었다. 업무에서도 다양한 고객사의 온라인 마케팅을 맡다 보니 예상치 못한 일들이 빈번히 발생한다. 이렇듯 삶의 변수는 더욱 많아졌지만, 그때마다 스트레스를 받기보다는 상황을 긍정적으로 받아들이려 노력했다. 그 결과 자연스레 사고방식도 바뀌었다.

이제 '나만의 시간'이라는 개념이 '나에게 허락된 시간'이라는 생각으로 전환하게 되었다. 나에게 허락된 시간이기에 매 순간 최선을 다하되, 예기치 못한 상황에 대해 더 관용적이고 유연한 태도를 갖게 되었다. 이러한 생각의 변화는 시간 앞에서 나를 겸손하게 만들었으며, 내 시간을 소중히 여기면서도 타인을 배려하고 더불어 살아가는 마음을 갖도록 이끌었다.

삶에는 늘 변수가 있다. 친구의 갑작스러운 연락, 가족의 부탁, 긴급한 업무 요청 등 우리는 언제든 예기치 않은 상황과 마주한다. 중요한 것은 이런 변수를 부정적인 방해로 여기지 않고 삶의 자연스러운 일부분으로 받아들이려는 마음의 여유이다. 때로는 예상치 못한 변수들이 우리의 삶을 더 풍성하고 의미 있게 만들 수도 있다.

한 가지 떠오르는 예가 있다. 어느 날 오전에 고객사로부터 당일 오후에 마케팅 콘텐츠를 올려 달라는 급한 요청을 받았다. 그날 오전에 이미 중요한 미팅이 있어 당황했지만, 짧은 시간이라도 짬을 내어 요청을 성실히 처리했다. 이런 갑작스러운 업무 요청이 몇 차례 이어졌고, 그때마다 내가 적극적이고 긍정적으로 응대하자 고객사는 점점 더 나를 신뢰하게 되었다. 결국 담당자가 다른 회사들을 적극적으로 소개해 주어 더 큰 기회를 갖게 되었고, 견고한 파트너십도 생기게 되었다. 처음에는 방해처럼 느껴졌던 갑작스러운 일들이, 내 삶에 소중한 기회로 전환된 경험이었다.

삶은 끊임없는 변화와 예측 불가능성 속에서 흘러간다. 절대적인 나만의 시간 같은 것은 처음부터 존재하지 않는다. 오히려 예상치 못한 변수와 어우러져 만들어지는 순간들이 우리의 삶을 더욱 깊고 풍성하게 만들어 준다. 계획이 방해받았다고 생각하기 전에 그 변수가 나에게 어떤 새로운 의미를 줄 수 있을지 한 번쯤 돌아보자. 어쩌면 그 순간이 우리의 삶을 더욱 행복하고 풍요롭게 만들어 주는 전환점이 될지도 모른다.

게으름은 반드시
누군가에게 피해를 준다

게으른 완벽주의자는 없다

매주 토요일, 나는 대학생 팀장들과 실무진 국장들을 대상으로 그룹 멘토링을 진행한다. 이 시간을 통해 매번 느끼는 것이 있다. 바로 팀장들이 무책임한 팀원들로 인해 큰 스트레스를 받고 있다는 점이다. 마감 기한을 충분히 주고, 구체적인 가이드를 제공했음에도 불구하고 맡은 일을 제대로 해내지 않는 사람들이 의외로 많다. 이들은 리더나 조직에 대해 부정적인 태도를 보이는 경우가 많고, 팀워크나 팔로워십도 약하다. 나아가 자신에 대한 자아상조차 건강하지 못한 경우가 많다.

게으름은 단순히 개인의 문제로 끝나지 않는다. 한 팀원의 게으름은 리더를 비롯한 팀 전체에 피해를 준다. 이처럼 게으름은 반드시 피해자를 만들어 낸다.

구체적인 예를 들어 보자. 만약 학업을 소홀히 하면 부모님과 자기 자신이 피해자가 된다. 부모님은 자녀의 학업과 미래를 위해 헌신적으로 투자하지만, 자녀의 성실하지 못한 태도는 부모님의 기대를 저버리는 결과를 낳는다. 동시에, 학업을 게을리 한 자신은 성장 기회를 놓치게 되고, 자아실현에도 실패하게 된다.

업무에서도 마찬가지다. 맡은 일을 제대로 하지 않으면 팀 전체의 생산성과 사기가 저하되고, 동료들에게 스트레스를 준다. 결국 자신에게 돌아오는 평판은 나빠지고, 이는 장기적으로 커리어 전체에 악영향을 미치게 된다.

결국 게으름의 가장 큰 피해자는 자기 자신이다. 게으름을 반복하다 보면 자신에 대한 실망감과 자존감 저하로 이어진다. 심리적 부담은 점점 쌓이고, 이는 또다시 게으름으로 연결되는 악순환을 만든다. 게으름을 피우며 산다면 자신은 피해자이자 가해자가 되는 셈이다.

게으름의 주요 원인 중 하나는 완벽주의다. 연세대 심리학과 이동귀 교수는 한 방송에서 완벽주의자는 일을 미루는 경향이 있다고 설명하며, 완벽주의와 게으름의 관계를 잘 풀어 냈다. 완벽주의자는 모든 조건과 환경이 완벽해야만 일을 시작할 수 있다고 믿는다. 하지만 현실에서 그런 조건이 마련되는 경우는 드물다. 이로 인해 일을 시작하지 못하고 지연시키는 패턴이 반복된다. 혹시라도 완벽주의를 핑계로 자신의 게으름을 합리화하고 있다면, 사실 완벽한 상황, 완벽한 결과물이라는 것은 존재하지 않는다는 사실을 깨달아야 한다. 일부 대학생들이 자신의 게으름을 진지하게 '문제'로 인식하고 극복하려 하기보다는, 자기는 완벽주의자라서 그렇다는 말로 게으름을 합리화하려고 할 때마다 안타까움을 느낀다.

게으름을 극복하기 위해서는 작은 목표부터 시작해야 한다. 완벽을 추구하지 말고, 하루 15분만이라도 집중해서 공부하거나 업무를 처리해 보는 것이다. 15분에서 시작해 시간을 점점 늘려가 보는 것이다. 작은 성취를 축적함으로써 자신감을 가지고 점점 더 큰 목표를 설정해 보는 것이다.

또 자신을 강제로 움직이게 만드는 환경적 장치를 마련하는 것도 한 방법이다. 예를 들어 누군가에게 목표를 인증하거나 목표를 달성하지 못했을 경우 페널티를 설정하는 것도 좋다. 이밖에도 생산적인 사람들과 함께 공부하거나 운동을 하면 동기 부여에 큰 도움이 된다.

게으름은 습관과 밀접하게 연결되어 있기 때문에, 일상의 루틴을 만들어 가는 것도 중요하다. 매일 같은 시간에 일어나고, 운동하고, 일을 시작하는 기본적인 루틴을 정립하면 게으름을 타파할 강력한 무기가 된다.

다시 말하지만, 게으름은 좋은 점이 하나도 없다. 그리고 최대 피해자는 결국 자기 자신이다. 자신에게 주어진 인생을 소중하게 생각한다면 무의미하게 시간을 흘려보내면서 방치하지 말고 지금 바로 시작해 보자. 안 읽고 미뤄 두었던 책이 있다면 15분 동안 읽어 보거나, 쌓아둔 집안일을 당장 해치워 보자. 이렇게 작은 성공 경험을 계속 쌓아 선순환의 스타트를 끊자. 작은 성취를 축적하고, 확장해 나가며 자신감을 만들자. 그러다 보면 어느 순간 게으른 과거는 아득하게 느껴지고 '나는 한다면 하는 사람이야.'라는 긍정적인 자아상을 가지게 될 것이다. 이 에너지를 바탕으로 지속적인 성장을 이루기를 진심으로 응원한다.

감독이 투수에게 하는 "점수 줘도 돼!", 난 이 말이 참 좋다

감독이 투수에게 하는 말, "점수 줘도 돼. 그냥 네 공 던져."

'불꽃야구(前 최강야구)' 애청자다 보니 자연스럽게 글을 쓸 때 떠오르는 사례가 있다. 투수가 압박감을 느끼는 상황에서 감독과 동료 선수들이 투수에게 "점수 줘도 되니까, 그냥 네 공 던져."라며 투수를 격려한다. 그 말이 정말 맞다. 투수가 자기 실책으로 팀이 질 수도 있다는 생각을 하면 몸에 힘이 들어가 실책이 나올 가능성이 높아진다. 오히려 점수를 의식하지 않고 그냥 자기가 준비해 왔던 공을 던지면 결과도 잘 나온다.

나는 이 말을 이렇게 풀어 보고 싶다. "실수해도 되니까, 그냥 네가 준비한 거 해 봐.", "결과 생각하지 말고, 그냥 네가 할 수 있는 거 해 봐." 나는 우리가 이 말을 믿었으면 한다. '진짜 실수해도 괜찮을까?', '진짜 결과가 안 좋아도 괜찮을까?' 이런 의문의 꼬

리표를 달지 않았으면 한다. 결과를 의식하지 않고 그저 내가 할 수 있는 것에 집중하는 마음이 정말 건강하고 강력하다. 이 마음이 우리에게 가벼운 마음, 즐기는 마음을 선물해 주며 오랫동안 꾸준히 할 수 있는 힘을 갖게 해 준다. 그리고 결국 좋은 결과도 따라오게 된다.

나는 이 부분을 나름 잘 적용하고 있다고 생각한다. 일단 나 스스로에게도 잘 적용하고 있다. 여러 고객사들을 마케팅하면서도 결과를 미리 걱정하지 않고 내가 할 수 있는 일에 집중하고 있다. 이는 나의 업무 스트레스를 10분의 1로 줄여 준다.

아이들을 키우는 데 있어서도 결과보다는 내가 할 수 있는 최선에 집중하고 있다. 그래서 아이들에게 성적이나 점수 때문에 혼을 내거나 못마땅한 소리를 한 적이 한 번도 없다. 대신 하루를 충실하게 살지 않을 때는 꾸짖는다.

한국대학생인재협회에서도 리더들에게 프로젝트나 HR 측면에서 성과 압박을 하지 않는다. 그런 종류의 압박은 그들에게 스트레스만 주고, 일하고자 하는 동기를 갉아먹기 때문이다. 성과가 나지 않았을 때는 건설적인 피드백을 통해 솔루션을 주려고 노력한다. 그렇지만 리더가 불성실하거나 무책임한 모습을 보일 때는 따끔하게 피드백하기도 하고, 진지하게 조언하기도 한다.

강의 시간과 멘토링 시간에도 대학생들에게 "실수해도 되니까 해 봐. 일단 해 봐."라는 말을 자주 한다. 그들에게 결과를 요구하지 않는다. 대신 경험을 하겠다고 스스로 찾아왔으면서도 경험하기를 주저하는 모습이나 소극적인 모습, 나태한 모습을 보일 때는 훈계한다. 면접 때 보여 주었던 배우려는 열망, 성장하려는 열망을 잃어버린 태도, 초심을 잃은 태도는 가능하다면 반드시 교정해야 한다고 생각한다.

더하여, 앞서 언급했던 '진짜 결과가 안 좋아도 괜찮을까?'라는 의문에 대해서 이야기하고 싶다. 이 의문이 얼마나 의미 없는지에 대해서 말이다. 결과의 본질은 극단적으로 말해, 나로서는 어찌할 수 없는 날씨와 같은 것이다. 결과는 내 손을 떠난 통제 불가능한 영역이다. 결과는 나의 건강 상태와 동료들, 상사, 평가자, 경쟁자, 환경 등 여러 요소들이 복합적으로 고려되어 결정된다. 나의 노력이나 의지만으로 결과가 나오는 게 아니다. 내가 어찌할 수 없는 날씨를 걱정하는 게 어리석은 일이듯이, 결과를 미리 걱정하는 것은 어리석은 일이다.

마지막으로, "점수 줘도 돼. 그냥 네 공 던져."라는 말에는 평상시 준비해 왔던 "네 공"이 있다는 사실을 지적하고 싶다. 이것은 중요한 포인트다. 결과에 신경 쓰지 않으려면, 내가 준비해 온 것이 확실히 있어야 한다. 하루하루 훈련하는 시간이 축적되어, '네 공'이라는 '내공'이 생기는 것이다. 또 내가 최선을 다해 노력했다는 것을 스스로 인정하면 결과에 미련도 남지 않을 것이다. 반대로, 평상시 준비해 온 것이 없으면 그 현장은 두려움 자체일

기회를 부르는 1%의 법칙

수 있다.

　결과에 집착하는 대신에 내공이 생길 때까지 하루하루를 성실하게 살자. 실력을 발휘해야 하는 순간에는 결과를 생각하지 말고, 평소에 치열하게 노력해 온 과정을 되뇌어 보자. 그렇게 한다면 우리 모두 자신이 준비해 온 것에 대한 자신감을 가지고 각자의 마운드에 당당히 설 수 있을 것이다.

6장

무너지지 않고
끝까지 가는 사람

목표, 비전을 가지고 살되 '열린 결말'임을 기억하자

목표 강박 대신 자신에게도 타인에게도 열린 마음을 갖자

목표와 비전은 앞으로 나아갈 방향성을 제시하기도 하고, 성장 동력이 되기도 한다. 하지만 너무 강한 목표 의식으로 인해 자신이 세운 목표를 달성하지 못하면 죄책감을 느끼고, 과도한 스트레스를 느끼는 사람들이 있다. 심할 경우 스스로를 패배자로 낙인찍기도 한다. 자기가 세운 비전에 자기 자신이 조급해지고 쫓기는 것이다.

이에 더하여, 이러한 강박적인 사고를 타인에게 특히 가족, 자녀 또는 배우자에게 적용하는 사람들이 있다. 자신이 타인에 대한 목표와 비전까지 세워 버리고, 그들이 그 목표를 달성하지 못하면 낙오자로 취급한다. 타인의 미래를 지나치게 걱정하고 불안해하며 그들의 행동을 통제하려고 한다.

인생은 예측이 어렵다. 예기치 못한 기회가 오기도 하고, 반대로 위기가 오기도 한다. 오히려 모든 일이 목표대로, 계획대로 된다는 것이 이상한 것이다. 이 글에서는 목표를 세우는 것도 중요하지만, 그 목표가 우리를 구속하거나 옭아매지 않도록 '인생은 열린 결말'이라는 점을 기억하자는 취지로 이야기해 보려고 한다.

일단 자신의 목표, 비전, 계획이 절대 진리가 아니라는 점을 명심해야 한다. 마치 절대적인 가치인 양, 그 기준을 충족시키지 못하면 큰일 나는 것처럼 전전긍긍할 필요가 없다. 목표를 달성하지 못한다고 해서 실패한 것이 아니다. 목표 달성 여부보다 목표를 향해 나아가는 과정에서 배우고 성장하는 것이 중요하다. 때로는 목표가 좌절되는 과정 속에서 아주 중요한 교훈을 얻기도 한다. 어떤 결과든지 그 과정을 소중히 여기는 건강한 태도가 필요하다.

둘째, 목표는 주어진 상황과 환경을 고려하여 수정되고, 조정돼야 하는 것이다. 목표를 세울 당시의 상황과 지금 상황이 달라졌다면 그것을 고려하여 조정하는 것이 상식이다. 완벽한 계획이라는 것은 없기 때문에, 목표는 나의 경험과 학습, 주어진 환경의 변화 등을 반영하여 수정되어야 하는 것이다. 이것을 타협이라고 생각하며 실패한 것처럼 느끼면 안 된다. 아울러 마치 목표 자체를 포기하는 것처럼 여길 필요도 없다.

셋째, 자기 계획대로 되지 않아서 오히려 더 좋은 일이 생길 수도 있다. 내가 미처 생각하지 못한 새로운 길이 나타날 수도 있는 것이다.

대표적인 예로, 방탄소년단(BTS)의 멤버 슈가를 들 수 있다. 그는 원래 래퍼 겸 프로듀서의 길을 걷고자 했고, 아이돌 그룹 활동에는 관심이 없었다. 빅히트에 입사할 당시에도 작곡과 음악 제작을 하려고 했지만, 회사는 그에게 아이돌 멤버 데뷔를 제안했다.

그는 처음에는 당황했지만, 회사의 제안에 응하며 연습생 생활을 시작했고, 결국 BTS의 멤버로 데뷔하게 되었다. 아이돌이 되는 건 그의 본래 계획에 없던 일이었다. 그러나 BTS 멤버로 활동했기에 그는 지금 한국을 대표하는 글로벌 뮤지션이 되었고, 자신이 하고 싶었던 음악도 더욱 큰 무대에서 펼칠 수 있게 되었다. 이처럼 우리가 계획하지 않았던 방향으로 인생이 흘러가도 그것이 오히려 더 큰 기회가 되기도 한다. 인생의 중요한 사건들은 대부분 우리가 예상하지 못한 때와 방식으로 찾아오는 법이다.

마지막으로, 내가 세운 목표나 비전을 다른 사람에게 강요해서는 안 된다. 타인의 인생에 지나치게 개입하는 것이기 때문이다. 특히, 자신이 경제권을 쥐고 있거나, 발언권이 센 상황에서 배우자나 자녀들에게 이러한 목표를 반복적으로 제시하면 상대방은 굉장한 압박감을 느낀다. 함께 있기 불편하고 부담스러워진다. 결과적으로 그 가정은 더 이상 화목하기 힘들다. 그런 부모를 둔 자녀들은 자기가 주도적으로 살지 못하고, 부모의 요구와 기대에 맞춰 살기 때문에 무기력해진다. 부모가 만약 계속해서 높은 목표를 제시할 경우, 아이들은 늘 그 기준을 충족시키지 못한 패배감에 젖어 있게 된다. 그리고 자기도 모르게 스스로를 실패자라고 낙인찍는다. 그렇게 큰 자녀들은 성인이 되어서도 대부분 부모에게 통제당하거나, 결국은 지쳐서 부모와 거리를 둔다.

지인 중에 전국 수학경시대회에서 금상을 탈 정도로 영특한 자녀를 둔 부모가 있었다. 아버지는 자녀에게 판사가 돼라는 비전을 강요했다. 그 자녀는 자신의 적성과도 맞지 않고 자신이 원하지도 않지만 아버지 뜻을 따라 문과를 갔다. 하지만 도저히 맞지 않아 수능을 앞두고 급하게 이과로 방향을 틀었고 결국 재수를 거쳐 공과 대학에 입학했다.

사실 이런 사례는 비일비재하다. 내가 세운 목표나 비전이 완전하지 않다는 것을 명심해야 한다. 하물며 타인의 미래를 계획하는 일은, 그에게 맡겨야 할 일이다. 절대 내 소관이 아니다.

그러니 나에 대해서도, 타인에 대해서도, 목표에 매몰되지 말고 유연성을 가져야 한다. 결국 중요한 것은 목표와 비전을 추구하는 과정에서 맞닥뜨리는 다양한 상황에 잘 대처하고 성장하는 것이다. 목표의 달성 여부가 아니라, 그 여정에서 배우는 그 시간을 가치 있게 생각해야 한다.

또한 예상치 못한 일들이 우리의 삶에 스토리를 더해 준다. 그 사건들이 우리를 다방면으로 성장시키고 나를 강하게 하며 성숙하게 한다. 이런 자세로 예기치 못한 사건들을 받아들이면, 하루하루를 열정적으로 살되 가볍고 자유로운 마음으로 살 수 있다. 내 뜻대로 되지 않는 것, 즉 열린 결말이 되는 것은 절대 실패가 아니며, 삶의 이치이자 묘미임을 실감하게 된다.

남보다 못한 게,
기대에 못 미친 게 죄는 아니다

최선을 다했다면 부족했더라도 괜찮다, 성장하면 된다

한국대학생인재협회에서 대학생들을 가르치고 상담하다 보면 생각보다 많은 학생들이 남과 자신을 비교한다는 것을 알게된다. 학벌, 외모, 발표, 과제 퀄리티 등 학생들마다 가지각색의 기준으로 남과 비교하면서, 자신이 남보다 못한 것에 대해 스트레스를 받는다. 학생들은 자신에 대한 기대치가 상당히 높다. 그러다 보니 자신이 기대한 것보다 과제의 완성도가 떨어지면 스스로 실망한다. 이러한 감정들이 축적되면 열등감, 자책감, 우울감 등 스트레스에 시달리고, 결국 불행감을 느낀다.

이 중 먼저, 남과 비교하는 문제에 대해 이야기해 보자. 학교나 회사에서 객관적 평가를 위해 어쩔 수 없이 '비교'라는 개념이 존재하지만, 그게 전부인 것처럼 생각해서는 안 된다. 비교를 한다면 차라리 그 개념을 '자기 자신'에게 적용하기를 바란다. 이전의 나와 지금의 나를 비교하며 자신이 얼마나 성장했는지 체크하자. 또한 타인의 성과가 아니라, 타인의 노력과 자세에서 영감을 얻으며 살 것을 추천한다.

남보다 못했다고 해서 주눅들 필요는 없다. 부끄러워할 필요도 없다. 최선을 다했다면, 당신은 잘못한 게 없다. 중요한 것은 그 과정을 통해 스스로 얼마나 성장했는지, 최선을 다했는지에 대한 자기 평가이다.

어떤 일에 대한 결괏값이 나왔을 때, 아래와 같은 생각의 회로를 돌릴 것을 제안한다.

1. 결과가 좋아도, 내가 최선을 다하지 않았다면 솔직히 인정하고 철저히 반성해야 한다. 스스로 반성이 어렵다면, 부모님이나 리더의 조언을 통해 정신을 차리는 것도 한 방법이다. 반성은 더 나은 자신으로 성장하기 위한 첫걸음이다.

2. 최선을 다했다면 어떤 결과가 나와도 후회하지 않는다. 내가 나 자신을 격려하고 인정해 줘야 한다. 결과가 부모님 또는 상사, 리더의 기대에 못 미쳤어도 괜찮다.

그들의 이야기가 건설적인 피드백이라면 적극 수용해 성장의 발판으로 삼자. 반대로 그들의 말이 나를 상처 주고 삶의 동기를 꺾어 버린다면, 한 귀로 듣고 한 귀로 흘려버리자. 그들의 말에 위축되거나 자존감이 낮아지면 나만 손해다. 건강을 위해 음식을 골라 먹듯이, 말도 내 마음에 유익한 것으로 골라 듣는 것이 현명하다.

두 번째, 자신에 대한 기대치가 높다면 우선 자신에 대한 객관적 평가가 필요하다. 예를 들어, 자신이 발표를 못한다면 발표를 잘하기 위해 얼마만큼 시간을 투자했는지 객관적으로 생각해 봐야 한다. 어렸을 때부터 대중 앞에서 발표한 경험이 얼마나 되는지, 발표에 대해 체계적으로 공부해 본 적은 있는지 등을 따져 보자. 실제로 투입한 준비와 노력을 고려해 합당한 기대치를 설정하는 것이 중요하다.

그리고 이전보다 성장한 부분에 대해 스스로를 격려하고 칭찬하자. 여기서 주의할 점은 남의 칭찬이나 인정을 기대하지 말라는 것이다. 남이 해 주는 칭찬은 보너스일 뿐이다. 정서적으로 안정되게 해 주는, 기본적인 에너지원은 자신에게서 나오는 인정과 격려임을 기억하자. 남의 칭찬에 목매다 보면 불안정해지고, 결국 스스로를 잃어버릴 수 있다.

나는 종종 지인들에게 농담반 진담반으로 "나 성장기야."라고 말하고는 한다. 아이들은 성장기에 신체적으로나 정서적으로 급격하게 성장한다. 그런데 사실 키가 더 이상 크지 않는다는 것만 빼면 우리 인생은 평생 성장기이다. 성품과 역량을 죽을 때까지 계속 개발해야 하기 때문이다.

우리 모두, 스스로가 미완성이라는 사실을 인정하고 하루하루 성숙해지는 성장 궤도를 그리자. 힘겹게 생각하지 말고 마치 내가 10대로 돌아간 것처럼 즐겁게 임하자. 가벼운 마음으로 한 걸음씩 나아가다 보면 남과 비교할 필요 없이, 어느새 자기만의 빛깔을 가진, 자랑스러운 자신을 발견하게 될 것이다.

연봉, 매출, 조회 수로
자신의 가치를 매기지 말라

숫자에 집착하기 시작하면 비교와 불만의 굴레에 빠진다

2~3년 전의 일이다. 어느 날 남편이 우연히 직장 동료의 연봉을 알게 되었다. 자신이 실적도 훨씬 좋고 회사에서 인정받는다고 생각했는데, 동료보다 연봉이 낮다는 사실이 씁쓸하다고 했다. 남편의 마음을 이해하면서도, 나는 이렇게 말했다.

"연봉만으로 따지지 마. 우리가 지금 누리고 있는 것들을 생각해 봐. 당신도 건강하고, 나도 건강하고, 우리 아이들도 건강하게 잘 자라고 있잖아. 양가 부모님도 경제적으로 여유 있고 건강하게 계시고. 게다가 와이프가 돈도 잘 벌잖아. (하하. 웃자고 한 말이다.) 지금 당신이 전문성을 잘 쌓고 있으니까, 앞으로 그게 당신의 장기적인 자산이 될 거야. 나는 당신이 나중에 중소기업이나 중견 기업의 고문 역할을 충분히 할 수 있을 것 같아."

내 말을 들은 남편은 고개를 끄덕였다. 마음이 한결 가벼워진 듯했다. 그의 얼굴이 밝아지는 걸 보니 나도 기뻤다. 생각해 보면 정말 그렇지 않은가? 만약 질병, 사고, 과소비 같은 일이 생겨 돈이 빠져나가면, 연봉의 몇 퍼센트 차이가 무슨 소용이 있겠는가? 결국 중요한 것은 숫자 너머의 삶의 안정과 건강이다.

지금 이 글에서 말하고자 하는 것은 단순하다. 연봉, 매출, 조회 수, 구독자 수 등 눈에 보이는 숫자에 지나치게 집착하면 비교와 불만의 굴레에 빠질 수 있다는 것이다. 감사하는 마음은 점점 사라지고, 불만은 타인을 탓하는 데로 이어질 수 있다. 이는 개인의 성장과 건강에 전혀 도움이 되지 않는다.

물론 숫자는 우리의 노력을 어느 정도 반영한다. 숫자를 통해 성취감을 느끼기도 하고, 더 높은 목표를 세우며 성장의 동력을 얻기도 한다. 하지만 숫자가 우리의 전부를 말해 주지 않는다. 숫자가 부족하다 해서 우리의 가치를 깎아내릴 수는 없다. 그 숫자들 뒤에는 그간 쌓아 온 경험과 내공이 있고, 앞으로 나아갈 가능성들이 있다.

더욱이, 우리가 숫자로 얻은 성과는 오롯이 나 혼자 이루어 낸 결과가 아니다. 건강한 몸이 있었기에, 가족들이 지지하고 희생해 주었기에 가능한 것이다. 그러니 숫자를 바라보기에 앞서, 그 숫자가 쌓이는 데 기여한 환경과 관계를 돌아보며 감사하는 마음을 잊지 말아야 한다.

기회를 부르는 1%의 법칙

숫자에 집착하면 비교는 필연적이다. '남보다 더 많이, 더 높게, 더 빠르게'라는 압박감이 마음을 사로잡는다. 하지만 그러한 비교는 결국 불만과 좌절로 이어진다. 왜냐하면 언제나 더 높은 숫자를 가진 누군가가 존재하기 때문이다. 이 과정에서 우리는 자신에게 주어진 소중한 것들을 간과하고, 감사하는 마음을 상실하게 된다.

숫자에 얽매이지 않는 삶은, 자신에게 주어진 것을 감사히 여기고 나만의 속도로 성장하는 데에서 시작된다. 연봉이 지금은 낮아 보일지라도, 현재 쌓아 가고 있는 전문성과 경험은 언젠가 더 큰 가치를 만들어 낼 것이다. 조회 수가 적더라도, 그 콘텐츠가 누군가에게 진정한 의미와 가치를 제공한다면, 그것만으로도 충분하다.

우리가 진정으로 귀하게 여겨야 할 것은 연봉, 매출, 조회 수 같은 숫자가 아니라, 우리가 쌓아 가는 경험과 관계, 그리고 감사의 마음이다. 오늘 당신이 가진 것들을 돌아보고, 그 과정 속에서 성장하며, 숫자보다 더 중요한 가치에 집중해 보라. 숫자에 얽매이지 않는 삶은 자신을 비교와 불만에서 벗어나게 하고, 진정한 자유와 평화를 선사할 것이다.

내 마음이 먼저
무너지지 않게…

관계에서 실망했을 때 지켜야 할 단 한 가지

한국대학생인재협회에서 리더로 활동한 지 벌써 18년이 넘었다. 실무진으로서 대학생들의 취업을 돕기 위해 헌신한 시간도 어느덧 17년을 넘어간다. 그 오랜 시간 동안 약 1만여 명의 학생들을 만났다. 열심히 활동하는 친구들이 예뻐 보여 밥도 사 주고, 커피도 사 주고, 생일이면 작은 선물도 챙겨 주었다. 자소서를 함께 다듬고, 모의 면접을 도와주며, 실제로 실무진 회사에 채용 기회가 생기면 추천도 아끼지 않았다.

이런 도움을 받은 뒤 감사의 마음을 잊지 않고, 자신이 받은 것을 다시 조직에 돌려주려 애쓰는 이들이 있다. 지금의 한대협을 든든하게 지켜 주는 사람들이 바로 그런 이들이다. 단연코 1%에 해당하는 귀한 인재들이다.

하지만 모든 관계가 그렇게 따뜻한 결말로 이어지는 것은 아니었다. 어떤 친구는 취업하자마자 갑자기 연락을 끊었고, 함께 오래 활동하고 싶다던 친구가 입사 후 몇 주 만에 그동안 감사했다는 짧은 말만 남긴 채 활동을 중단하기도 했다. 더 안타까운 경우도 있었다. 도움을 받고 취업한 뒤, 오히려 조직에 누명을 씌우거나 해를 끼치려는 사람도 있었다. '배은망덕'이라는 표현이 머릿속을 맴돌 만큼 씁쓸한 순간들이었다.

무엇보다 가장 마음이 무거웠던 일은, 오랜 시간 함께 일해 온 동료들로부터 상처가 되는 말을 들었을 때였다. 어떤 말은 직접적으로 내 앞에서 전해졌고, 어떤 말은 뒤에서 들려왔다. 그들과 함께 공감하고 소통하며 쌓아 온 시간이 있었기에, 당시에는 더 충격이 컸다. 하지만 그 시간도 잘 지나왔고, 나는 그들과 여전히 좋은 관계를 유지하고 있다. 시간이 흐르면서 오해가 풀리고, 각자의 성숙함이 더해지며 자연스럽게 관계가 회복되었다. 서로의 허물을 덮고, 함께 쌓아 온 시간을 소중히 여기며 앞으로의 성장을 기대하는 마음이 서로를 다시 이어 주었다.

사람은 누구나 실수를 한다. 개개인의 훈련과 성숙의 정도에 따라 실수의 빈도와 깊이는 다르지만, 때로는 말과 행동이 다를 수 있고, 감정에 휘둘릴 때도 있다. 나 역시 마찬가지다. 말실수를 하기도 하고, 내가 한 약속을 끝까지 지키지 못할 때도 있다. 누군가가 나에게 잘해 줄 때는 고마운 마음이 들지만, 조금이라도 섭

섭한 일이 생기면 흔들리기도 한다. 나 역시 연약하고 불완전한 사람이다.

이런 나를 돌아보는 시간은 나를 겸허하게 만들었다. 나의 부족함을 인정할수록, 타인에 대해서도 더 유연하게 생각할 수 있게 되었다. 그리고 그 과정 속에서 내 마음을 평안하게 해 준 한 가지 깨달음이 있다. 완전무결하신 예수님도 사람들에게 비난받으셨는데, 예수님과 달리 흠도 많고 부족한 내가 비난받지 않을 이유가 어디 있겠는가. 의롭고 선하신 예수님조차 가장 가까웠던 제자들에게 배신을 당하셨다. 그런데 나처럼 간사하고 때로는 악한 모습도 있는 사람이 가까운 이에게 배신당할 수 없다는 건 오히려 오만한 생각 아닐까? 이 단순하지만 분명한 진리가 내 마음의 중심을 다시 세워 주었다.

배신과 실망은 누구에게나 일어날 수 있다. 그 원인이 나에게 있었을 수도 있고, 상대의 미성숙함 때문이었을 수도 있다. 내가 돌아보고 고칠 점이 있다면 기꺼이 개선해 나가야겠지만, 그 일이 내 마음과 인생을 무너뜨리게 해서는 안 된다는 것을 배웠다.

사람은 완벽하지 않다. 오늘은 따뜻했던 사람이 내일은 실망을 줄 수도 있고, 지금은 상처를 준 사람도 언젠가는 돌아와 사과할 수도 있다. 그래서 마음을 닫기보다, 사람을 더 깊고 넓은 시선으로 바라보는 것이 필요하다. 내가 받은 상처보다 누군가에게 베풀 수 있는 따뜻함이 더 큰 사람으로 남는 것, 그것이 우리가 이 길을 오래 걷기 위해 지켜야 할 단 한 가지가 아닐까.

　누구나 배신당하고, 상처받고, 실망할 수 있다. 그러나 내 마음만큼은 무너지지 않게 지켜야 한다. 평안은 상대방이 주는 것이 아니라, 내가 선택하는 것이다. 그리고 리더는 사람을 '믿고 의지할 존재'로 여기기보다 '사랑할 대상'으로 바라보는 태도를 가져야 한다. 실망하지 않기 위해 거리를 두는 것이 아니라 실망 속에서도 끝까지 사랑할 수 있는 내적인 힘을 기르는 것. 그것이 진짜 리더가 품어야 할 건강한 관점이자 오래가는 관계의 출발점이다.

번아웃이 오면,
모든 일을 그만둬야 하나

번아웃은 쉬어 가라는 신호다

한국대학생인재협회에서 활동하는 대학생들은 영업, 마케팅, 인사 등 실무 프로젝트를 통해 현장에서 필요한 실무 능력을 기르고 있다. 또한, 팀 활동과 리더 경험을 통해 협업 능력, 리더십, 그리고 인성을 함양한다. 하지만 대부분의 학생들은 이런 체계적인 프로젝트나 팀 활동을 처음 경험한다. 이들에게는 기획서 작성, 회의, 보고 체계, 피드백 등 모든 것이 낯선 학습의 대상이다. 동시에 학업과 병행하며 성과를 내야 하는 일은 많은 에너지를 요구할 것이다. 그래서인지 번아웃을 호소하는 학생들을 종종 본다. 번아웃이 오면 많은 학생들이 하던 일을 모두 내려놓고 쉬려는 경향이 짙다. 그러나 번아웃이 왔을 때 휴식은 필수적이지만, 모든 일을 중단하는 것이 올바른 해결책은 아니다.

기회를 부르는 1%의 법칙

번아웃에 대한 해결책은 모든 일을 중단하는 것이 아니라, 일과 휴식의 균형을 찾는 것이다. 무턱대고 모든 일을 멈추면 여러 가지 문제가 발생한다. 먼저, 생활 리듬이 깨진다. 일상이 무너지면 오히려 더 큰 무기력에 빠질 수 있다. 나태함 속에서 불안과 초조함이 커질 수 있다.

둘째, 모든 것을 중단하고 다시 시작하는 것은 더 어렵다. 흐름이 끊긴 일을 다시 시작하기 위해서는 훨씬 더 큰 용기와 에너지, 시간, 비용을 지불해야 한다. 그 과정은 종종 쉬는 것보다 더 큰 스트레스를 동반한다.

셋째, 일에 대해 많은 의미를 부여했던 사람이라면, 일을 멈췄을 때 자신의 가치와 정체성에 대한 혼란이 생길 수 있다. 마치 내가 가치 없는 사람이 된 것만 같은 우울감이 오히려 나를 더 괴롭힐 수 있다.

마지막으로, 인간관계의 문제까지 확장된다. 일을 그만둠으로써 일과 연관된 사람들과의 관계까지 지속성이 없어진다. 특히 그들이 나의 성장에 도움을 주는 멘토, 코치, 협력자인 경우 이들을 잃는 것은 장기적인 측면에서 큰 손실이 될 수 있다.

그래서 번아웃이 왔다면, 모든 일을 내려놓기보다는 다음과 같은 방법을 시도해 볼 것을 제안한다. 먼저, 우선순위를 정하고 덜어 낼 것은 덜어 내자. 이때 내게 가져다 줄 성장과 영향력이 큰 일을 선택하여 이에 집중한다.

둘째, '회복'에 목표를 둔 휴식을 갖자. 무의미한 시간을 보내는 것과 진짜 회복은 다르다. SNS, 유튜브, TV, 웹툰 등을 보는 것보다 독서, 산책, 기도, 명상 등 정신적으로 재충전할 수 있는 활동을 추천한다.

셋째, 가까운 사람들 가운데 지혜로운 사람들이 있다면 그들과 대화의 시간을 갖자. 믿을 수 있는 사람과 솔직한 대화를 나누면 번아웃의 원인을 객관적으로 파악할 수 있다. 필요하다면 전문가의 도움을 받는 것도 고려하자.

번아웃은 잘 통과만 하면 그것만으로도 이로운 점이 꽤 많다. 번아웃을 통해 일에 매달리는 것이 아니라, 일과 삶의 건강한 균형에 대해 점검할 수 있는 시간을 갖게 되기 때문이다. '그냥 쉬면 좋아지겠지.' 또는 '그냥 버티면 되겠지.' 하며 깊은 성찰 없이 흘려보내지 말자. 번아웃의 원인은 무엇인지, 그 원인을 해결하기 위해서는 어떤 교정이 필요한지, 앞으로 어떤 방식으로 일해야 할지, 재충전하는 가장 좋은 방법은 무엇인지 등을 진지하게 탐구해 봐야 할 것이다. 그렇게 하면 오히려 번아웃을 통해 지속 가능한 올바른 속도에 대해서 알 수 있으며, 인생의 방향을 잡는 계기가 될 수 있다.

인생은 가장 긴 마라톤이다. 오버페이스로 달리지도 말고 중도 포기하지도 말자. 천천히 숨을 고르면서도 나아갈 수 있다. 가끔 속도를 늦춰서 경쟁자들이 나를 추월해도 조급해할 필요 없다. 인생의 목표는 누군가를 이기는 것이 아니라, 내게 주어진 마라톤을 끝까지 완주하는 것이다. 완전히 멈추는 대신 한 걸음씩이라도 앞으로 나아가자. 이런 작은 걸음들이 쌓이면 어느새 번아웃을 넘어, 당신은 인생이라는 마라톤에서 찬란히 빛나게 될 것이다. 지속성은 결국 당신을 더 나은 곳으로 이끌 테니 말이다.

상사의 무리한 발언에
대처하는 법

정면 돌파 없이도 나를 지키는 현실적인 대처법

사회생활을 하다 보면 리더의 발언이 납득되지 않을 때가 있다. 때로는 말 자체가 불합리하거나, 심지어 모욕적으로 들릴 수도 있다. 그리고 현실적으로 그런 상황에서 즉시 반박하거나 문제를 바로 제기하기는 어렵다. 상대가 막강한 권한을 가진 사람일 수도 있고, 심지어 가족일 수도 있기 때문이다. 매번 정면으로 맞서거나 공식적으로 문제를 제기하는 것이 맞다고 생각할 수도 있겠지만, 실제로는 많은 부담과 불이익을 감수해야 할 때가 더 많다. 그럴 때 필요한 건 현실적인 대처법이다.

나 역시 상위 리더와의 소통에서 어려움을 겪었던 경험이 있다. 당시 나는 20대였고, 주변에 조언을 구할 만한 선배도 없어 더 깊은 난관에 부딪혔다. 리더의 발언이 받아들이기 힘들었던 순간마다 감정적으로 즉각 반응했고, 이는 상황을 더욱 악화시키는 결과로 이어졌다. 억울함과 답답함이 쌓여 그 감정을 숨기지 못했지만, 시간이 지나고 나서야 그런 대응은 문제 해결에 전혀 도움이 되지 않는다는 사실을 깨달았다. 감정을 억누르고 상대의 말을 끝까지 듣는 것이 얼마나 중요한지, 그리고 그 발언이 나온 맥락과 의도를 파악하는 태도가 얼마나 필요한지를 말이다.

가장 먼저 해야 할 일은 즉각적인 반응을 멈추는 것이다. 감정적으로 상처받았더라도 겉으로는 침착함을 유지해야 한다. 예를 들어, 리더가 회의에서 불가능한 목표를 제시하거나 불합리한 요구를 할 때, 감정이 드러나는 표정이나 반응은 오히려 상황을 악화시킬 수 있다. 일단 끝까지 차분히 듣는 것이 최선의 대응이다.

그다음은 발언의 맥락을 파악하는 것이다. 이해되지 않는 말일수록 왜 그런 말이 나왔는지 배경과 의도를 파악하려는 노력이 필요하다. 직접 질문하기 어렵다면 동료나 선배들 혹은 그 리더를 잘 아는 사람에게 조언을 구하는 것도 방법이다. 더 나아가, 그 리더의 성장 배경, 살아온 과정, 성향 등을 파악해 두는 것도 도움이 될 수 있다.

감정적으로 거리를 두는 것도 중요하다. 모욕적으로 들리는 말에 휘둘리지 않기 위해서는, 그 발언이 나에 대한 절대적인 평가가 아니라는 것을 인식해야 한다. 예컨대, 상사가 "넌 경영 능력이 없어!"라고 말했다고 해서 내 능력 전체가 부정되는 것은 아니라는 사실을 알아야 한다. 그럴 때는 감정적으로 거리를 두고,

상황을 냉정하게 바라보는 태도가 필요하다. 감정이 쌓이면 일에 집중하기 어렵기 때문에, 신뢰할 수 있는 사람과 대화하거나 운동, 취미 활동 등을 통해 풀어 주는 것도 현실적인 방법이다.

자신의 의견을 불가피하게 전달해야 하는 순간도 있다. 이때는 정면으로 맞서기보다는 존중을 바탕으로 명확하게 표현하는 것이 좋다. 예를 들어, "말씀하신 방향대로 진행하는 것이 이상적이겠지만, 현재 상황에서 몇 가지 현실적인 한계가 있습니다. 이 부분을 보완할 방법을 함께 논의할 수 있을까요?"라는 식으로 리더의 권위를 존중하면서도 자신의 입장을 조심스럽게 전달해야 할 것이다.

결국 중요한 것은 통제할 수 없는 상대나 상황에 집중하기보다는, 내 감정과 태도를 관리하며 상황을 현명하게 풀어 가는 힘을 기르는 것이다. 불합리하거나 납득하기 어려운 상황은 언제든 발생할 수 있다. 그 순간, 내 감정과 행동을 어떻게 관리하느냐가 결국 나의 성숙함을 결정짓는다.

현실을 인정하고, 그 안에서 최선의 대응을 찾는 것이 결국 자신을 보호하고 성장시키는 길이다. 감정적으로 휘둘리지 않고 냉정한 판단력을 유지하는 것은 단순히 불필요한 갈등을 피하는 데 그치지 않는다. 이는 장기적으로 신뢰를 쌓고, 조직 내에서 건강한 영향력을 발휘할 수 있는 토대가 된다. 불편한 상황 속에서도 스스로를 지키며 꾸준히 성장해 간다면, 조직에서 그 누구보다 신뢰받는 리더로 자리 잡게 될 것이다.

쉬었는데 왜
더 힘들지?

리더가 놓치고 있는 '휴식'과 '회복'의 결정적 차이

얼마 전 유튜브에서 '일반인은 잘 모르는 휴식과 회복의 차이'라는 제목의 영상을 보았는데, 서울대 박사가 "운동선수들에게 휴식과 회복의 개념은 다르다."라고 설명하는 것이 인상적이었다.

영상에서는 운동선수들이 단순히 훈련을 중단하고 몸을 쉬는 휴식과, 가벼운 유산소, 스트레칭, 수분 섭취 등을 통해 근육과 정신적 피로를 실제로 회복하는 것은 완전히 다른 개념이라고 설명했다. 이 개념은 운동선수뿐 아니라 스트레스가 많은 환경에서 일하는 리더들에게도 매우 중요하다.

많은 리더들은 주말이나 휴가 때 충분히 쉬었다고 생각한다. 예를 들어 넷플릭스를 보거나 맛있는 음식을 먹고, 친구들과 만나 수다를 떨거나 좋아하는 취미 활동을 즐기며 휴식을 취한다. 그러나 이런 활동을 했음에도 업무로 돌아갈 때 일할 의욕이 생기지 않거나, 오히려 업무에 더 거부감을 느끼는 경우가 종종 있다. 이는 단순히 휴식을 취했을 뿐, 실제로는 제대로 회복하지 못했기 때문이다.

'회복'이란 단순히 피로를 줄이는 차원을 넘어 정서적·심리적 균형을 되찾고, 에너지와 동기를 다시 채우는 과정을 의미한다. 회복은 신체뿐 아니라 마음과 생각의 영역까지 포함하여 내가 처한 현실과 감정을 인정하고 정리하며, 다시 일상에 의미 있게 참여할 수 있도록 스스로를 회복하는 과정이다. 다시 말해, 회복은 '무엇을 하지 않느냐'가 아니라, '어떻게 나를 돌보느냐'의 문제이다.

리더가 충분히 휴식하지 않으면 신체적, 정신적 피로가 누적되어 만성 피로, 집중력 저하, 감정 조절 장애, 번아웃 등 건강에 이상 신호가 나타나기 시작한다. 즉, 단순히 휴식만 취하고 깊은 내적 회복 과정을 거치지 않으면 피로감은 일시적으로 줄어들지만, 일에 대한 열정이나 동기가 살아나지 않아 무기력과 의욕 상실에 빠질 수 있다. 만약에 휴식을 아예 생략하고 내적 회복 활동만 한다면 마음은 준비되었더라도 몸의 피로가 해소되지 않아 결국 건강 악화로 이어질 가능성이 크다.

진정한 회복은 단지 일을 멈추는 것에서 그치지 않는다. 자신을 돌아보고 스트레스의 원인을 파악하며 정서적, 심리적 피로를 깊이 해소하는 내적 시간이 필요하다. 이를 위해 자신의 내면에 집중할 수 있는 활동을 찾는 것이 중요하다. 예를 들어, 글쓰기를 하며 하루를 성찰하거나, 조용한 환경에서 산책하기, 명상 등의 시간을 갖는 것이다. 개인적으로는 성경 말씀을 읽고 기도하며 하나님과 교제하거나, 정기적인 예배를 보는 것이 정서적이고 영적인 회복에 큰 도움이 되었다. 이런 시간을 통해 현재 상태를 솔직하게 점검하고 부담감을 내려놓으며, 긍정적인 목표를 새롭게 설정할 수 있다.

현실적으로 긴 시간을 내기 어렵다면, 일상 속 짧은 시간들을 효과적으로 활용하면 된다. 예컨대 출퇴근 시간에 습관적으로 핸드폰을 보는 대신 내적 성찰을 돕는 오디오 콘텐츠를 듣거나, 점심시간에 가볍게 산책하는 습관을 들이는 것이다. 저녁 시간에는 가족과 함께하는 시간에 방해되지 않는 선에서 하루를 돌아보는 짧은 글을 쓰거나, 성경 구절과 같이 자신에게 영감을 주는 메시지를 묵상하는 것이 유익하다. 주말에도 하루 전체를 쓰지 않더라도 한두 시간만이라도 온전히 회복의 시간을 꾸준히 마련하는 것이 좋다.

중요한 것은 이것을 루틴으로 만들어 습관화하는 것이다. 습관화가 되면 큰 노력 없이도 자연스럽게 회복의 시간을 가질 수 있고, 이 과정은 점점 더 쉬워질 것이다.

휴식과 회복의 균형을 유지하며 일하는 삶을 산다면 스트레스는 줄고, 일에 대한 긍정적이고 적극적인 마음이 자라난다. 삶 속에서 작은 행복을 발견하고, 일상의 만족감이 점점 깊어진다. 내면이 건강하고 안정되었을 때 우리는 더 따뜻하고 친절한 사람이 되며, 주변 사람들과의 관계 또한 풍요로워진다. 이 글이 독자들에게 잔잔한 위로와 격려가 되어, 조금 더 건강하고 충만한 일상을 만드는 계기가 되기를 진심으로 바란다.

"좀 쉬었다 해."
이 말이 달콤할수록 조심하라

우직함은 때로, 쉬어야 할 때도 멈추지 않는다

"너도 좀 쉬어."

"좀 쉬었다 해."

이런 말들은 언제나 따뜻하고, 달콤하다. 그래서 이런 말을 들으면 잠시 멈춰도 괜찮을 것 같고, 지금까지 참 잘해왔다고 위로받는 느낌도 든다.

하지만 이런 말에 기대다 보면 책임도, 신뢰도 쉽게 놓쳐 버릴 수 있다. 특히 어떤 자리를 맡은 사람이라면, 멈춤이 곧 신뢰의 단절로 이어질 수 있다는 사실을 반드시 기억해야 한다. 물론 인간이기에 쉴 수 있고, 또 쉴 수밖에 없는 순간도 분명 존재한다. 문제는 '지금'이 진짜 멈춰야 할 때인지, 아니면 그저 피로함과 감정에 휘둘려 책임을 유예하고 싶은 것인지 분별을 잘해야 한다는 점이다. 당신이 맡은 자리는 그런 판단 하나로 신뢰를 잃을 수도, 반대로 더 깊은 신뢰를 얻을 수도 있는 자리다.

'우직하다'를 영어 사전에서 찾아보면 'simple and honest' 또는 'naive and honest'라고 설명되어 있다. 단순하고 미련해보일 수 있지만, 그 속에는 정직함과 꾸준함 그리고 책임감이 깔려 있다. 나는 20년 가까이 수많은 리더들과 함께 일하며, 이 '우직함'이야말로 조직을 지탱하고 신뢰를 구축하는, 가장 현실적인 역량이라는 것을 확신하게 되었다.

우직한 사람은 감정에 쉽게 흔들리지 않는다. 좋은 말을 들었다고 들뜨지 않고, 실망스러운 피드백을 들었다고 무너져 버리지도 않는다. 감정보다 책임을 먼저 생각하며, 자신에게 주어진 역할을 끝까지 해내려는 태도를 갖고 있다. 그 꾸준한 태도는 일관된 성실함으로 이어지고, 시간이 지날수록 신뢰라는 자산이 쌓인다. 결국 그런 사람에게는 기회가 주어지고, 조직 안에서 오래도록 살아남게 된다.

반면, 우직하지 않은 사람들의 모습은 이와 확연히 다르다. 우직하지 않은 이들은 다음과 같은 모습을 보인다.

첫째, 일희일비하는 태도다. 칭찬 한마디에 들떴다가, 지적 한번에 주저앉는다. 감정의 변화가 크고, 태도에 일관성이 없어 주변 사람들은 그와 함께 안정적으로 일하기 어렵다.

둘째, 요령을 추구하는 태도이다. 힘을 덜 들이고, 자신에게

기회를 부르는 1%의 법칙

유리한 방향으로만 움직이려 한다. 책임보다는 효율을 우선시하고, 빠른 성과를 추구하여 리스크 있는 결정을 쉽게 내린다. 예전에 한 팀장에게 사이트 유입을 늘리는 미션을 맡긴 적이 있었다. 그는 단기간에 수치를 올리기 위해, 사람들의 흥미를 끌 만한 연예나 스포츠 기사를 스크랩하고, 자극적인 제목으로 글을 쓰는 방식으로 대중의 클릭을 유도했다. 언뜻 보기에는 조회 수가 급증했지만, 공들여 쌓아 온 채널의 신뢰도는 한순간에 무너지고 말았다. 이처럼 요령은 당장은 성과를 내는 것처럼 보일 수 있지만, 그 기반이 부실하면 오히려 조직에 큰 손해를 끼칠 수 있다. 이런 사람들은 수단과 방법을 가리지 않고 '빠른 성과'에만 집중하는 경향이 짙고, 장기적인 인내가 필요한 일에는 집중력을 유지하지 못한다.

셋째, 대충 하려는 태도이다. 이런 태도를 가진 사람은 책임을 무겁게 여기기보다는 상황을 넘기는 임기응변에 능숙하다. 맡은 일을 제대로 마무리하기보다는 적당히 넘기는 데 집중한다. 겉보기에는 무난해 보여도, 조직은 그 미묘한 차이를 알아차린다. "뭐든지 평균은 한다."라는 평가는 결국 "중요한 일은 맡기기 어렵다."라는 말로 바뀐다.

나는 대학생 때부터 지금까지, 코로나로 인해 잠시 중단된 시기를 제외하고는 한국대학생인재협회에서 리더직을 단 한 번도 쉰 적이 없다. 그동안 수많은 어려움이 있었다. 직장 생활도 녹록치 않았고, 건강 문제로 병원 신세를 진 적도 있었다. 사업 실패로 경제적 위기를 겪기도 했고, 두 아들을 혼자 돌보며 체력적으로 방전된 날도 많았다. 사람 때문에 상처받고, 눈물로 버텨야 했던 순간도 많았다. 그럼에도 나는 늘 마음속으로 이렇게 다짐했다.

"내가 지금 해야 할 자리에서, 끝까지 책임을 다하자."

아이들이 아파도 데리고 함께 현장에 나가 자리를 지켰다. 밤에 아이들을 재운 뒤에는 새벽까지 교육 자료를 만들고, 회의안을 준비했다. 지금도 마찬가지다. 아이들 돌보기가 끝나면 그날의 일정을 정리하고, 다음 날 리더들과 나눌 메시지를 준비한다.

이 일을 요령으로 감당하려 했다면 진작 포기했을 것이다. 그리고 계산적으로 접근했다면, 오래 가지 못했을 것이다. 나는 단지 우직하게 버텼고, 그래서 살아남았다.

조직은 안다, 눈에 띄는 성과보다 꾸준함의 가치가 더 크다는 것을. 요령은 빠르지만 얕고, 대충은 편하지만 가볍다. 일희일비는 감정에 끌려 다니게 할 뿐이다. 우직한 사람이 결국 끝까지 간다. 그리고 끝까지 간 사람이 그 조직의 진짜 리더가 된다.

행복하게 사는 것이 목표다?

자칫 잘못하면 '자기감정'이 우상이 될 수 있다

한국대학생인재협회에서 20여 년간, 1만 명이 넘는 대학생들을 접했다. 그들 중 상당수가 "행복하게 사는 것이 목표"라고 말하는 것을 들었다. 나는 그 '행복'이라는 말에 대해서 확실한 정의를 해야 한다고 말하고 싶다. 그렇지 않으면 '내가 힘든데 왜 인내해야 하는지, 왜 헌신해야 하는지, 왜 때로는 손해도 볼 수 있어야 하는지, 왜 안주하면 안 되는지' 등 수많은 의문에 답을 찾을 수 없기 때문이다.

위와 관련하여 TV 프로그램 '금쪽같은 내 새끼'의 한 사례가 생각난다. 해당 사례 속 어머니는 아이가 아빠한테 욕을 하는 등의 잘못을 저지르는 상황 속에서도 훈육은 생략하고 아이의 감정 읽기, 마음 읽기에 집중했다. 아이의 감정을 과잉 존중해 주니, 아이는 자기감정이 최우선 순위가 되어 자신이 기분 나쁘면 아빠에게도 폭언과 폭력을 행사하는 문제 행동을 일삼게 되었다. 이처럼 자기가 행복한 것이 최우선이 되면 타인이나 가족, 나아가 조직을 생각하기보다는 자기중심적으로 행동하게 된다. 그리고 이러한 태도는 결국 그 사람의 가정생활과 사회생활을 망친다. 즉, 자기 행복을 우선하는 자세가 오히려 자신을 불행하게 만드는 것이다.

같은 맥락에서 자기 행복이 우선되면 일상을 살아갈 때 인내와 끈기를 발휘해야 하는 이유를 찾기 힘들다. 인내하지 못하는 만큼 그 사람은 성장하지 못한다.

삶을 돌이켜보면 공부하는 과정도, 일하는 과정도 행복하기만 한 건 아니다. 또 가정을 이루고 자녀를 키우는 것도 행복하기만 한 건 아니다. 오히려 행복감을 느끼는 순간은 잠깐이고, 번민하고 고민하며 치열하게 노력하는 시간이 훨씬 길다. 내가 만약 내 행복을 가장 우선시했다면, 나는 가정도 지키지 못했을 것이고, 리더직도 쉬이 그만뒀을 것이다. 그랬다면 무엇으로도 살 수 없는 지금의 동료들을 얻지 못했을 것이다.

또한, '목표'라는 것은 기본적으로 도전의 성격이 있어야 하는데, '행복'에 대해서 자기 나름의 구체적인 정의를 내리지 않고 단순히 행복 자체를 목표 삼으면 도전보다는 현실에 안주해 버릴 가능성이 커진다. 예를 들어, '나는 맛있는 걸 먹으면 행복한 사람

기회를 부르는 1%의 법칙

인데, 오늘 맛있는 걸 먹었으니까 내 목표는 달성됐다.'라는 식이 되어 버린다. 혹시라도 이런 사고 회로를 돌리고 있다면, 목표 설정을 다시 하기를 권한다. 행복이라는 게 마치 진리인 양 여겨지는 세태 속에서는 이런 소리가 불편하게 들릴 수도 있겠지만, 삶에서 지속적인 성장을 원한다면 이 부분을 제대로 짚고 넘어가야 한다.

우선 목표라는 것은 지속적인 동기 부여가 되어야 한다. 목표 자체가 일상을 충실히 살아가고 꾸준히 노력할 만한 동기가 될 수 있어야 한다. 목표는 자신의 한계를 극복하려는 동기이자 좌절의 순간 다시 일어날 수 있는 원동력이다. 그런 목표가 없다면 깊이 생각해 보기를 바란다. 앞으로 살아갈 시간이 많은 청년들에게 이 부분을 더더욱 강조하고 싶다.

내가 생각하는 좋은 목표는 '사회'에 '긍정적인 가치'를 더하는 목표이다. 사람들마다 '사회'와 '가치'에 대한 정의가 다를 것이다. 예를 들면, 사회를 '가정, 학교, 지역, 국가, 세계'로 정의할 수도 있고 '어린이, 여성, 청년, 노인, 사회적 약자' 등으로 정의할 수도 있다. 가치를 정의할 때에는 '사랑, 헌신, 인내, 평화, 용서, 배려, 질서, 보호, 비폭력' 등으로 구체화시킬 수 있다. 이에 더하여 사명감까지 느끼는 목표라면 가장 강력하다.

개인적으로 나의 목표는, 나에게 주어진 재능과 에너지를 최대한 활용하여 후회 없이 살아가는 것이다. 나의 삶 전체가 하나의 메시지가 되었으면 한다. 말뿐만 아니라, 실제 삶의 모습에서 주변에 긍정적인 영향을 주는 사람이 되고 싶다. 특히 집에 있을 때의 모습, 남편과 자식만 아는 일상의 태도에서도 존경받을 수 있는 사람, 성실하고 진실되게 살아가는 사람, 타인에게 신뢰를 주는 사람으로 살고 싶다. 어떤 상황에서도 자신의 기준을 지키며, 누군가에게는 본이 되는 삶을 살아가고 싶다.

'계단식 성장'에
숨겨진 비밀

직선으로 보이지만, 확대해 보면 후퇴의 곡선으로 가득하다

열심히 했는데도 결과가 없는 시기, 이전보다 더 부족해 보이는 순간, 그럴 때 우리는 너무 쉽게 말한다.

"나는 제자리야.", "아니, 오히려 후퇴 중이야."

과연 정말 그럴까? 우리가 흔히 말하는 '계단식 성장 그래프'를 떠올려 보자. 정체된 듯 보이는 시기와 어느 날 갑자기 껑충 뛰어오르는 순간들이 반복되는 모습. 하지만 그 그래프를 확대경으로 들여다보면, 일직선처럼 보이는 정체 구간조차도 수많은 곡선의 연속임을 확인할 수 있다. 미세한 흔들림, 후퇴처럼 보이는 하강 구간 그리고 낙심의 흔적들. 그러나 그런 시간들이 없다면, 다음 계단은 존재하지도 않았을 것이다.

중요한 것은 이 곡선이 한두 개가 아니라는 사실이다. '성공했다', '실패했다'를 몇 번의 시도로 단정지을 수는 없다. 곡선은 무수히 많고, 바로 그 축적된 곡선들이 모여 나중에 일직선처럼 보이는 성장의 궤적을 만들어 낸다. 그러므로 한두 번의 경험만으로 성장 여부를 판단해서는 안 된다. 진짜 성장은 수많은 시도, 실패, 재도전, 실험과 복기의 반복을 통해 이루어지기 때문이다.

한편, 이 곡선들이 결국 하나의 계단으로 연결되기 위해서는 한 가지 전제가 필요하다. 바로 축의 흔들림이 없어야 한다는 것이다. X축이 '시간'이라면, Y축은 '목표'이다. 많은 사람들이 제대로 성장하지 못하는 이유는 목표가 자주 바뀌기 때문이다. 방향이 자꾸 틀어지면 곡선은 연결되지 못하고, 성장 그래프는 끊겨 버린다. 반면, 목표가 분명하고 지속적으로 유지되는 사람에게는 비록 시행착오가 있어도 그것이 하나의 곡선으로 연결되어 결국 '계단'을 만든다.

코로나 이전, 한국대학생인재협회에서 여러 팀이 크라우드 펀딩 프로젝트를 진행한 적이 있다. 목표 금액을 달성해야만 실제 펀딩이 집행되는 구조였다. 그때 함께 작업했던 한 대학생 팀장이 떠오른다. 성실하고 추진력도 뛰어났던 그는, 팀원과 부팀장 시절에도 눈에 띄는 성과를 내며, 리더들 사이에서 높은 기대를 받았다. 첫 번째 팀장 임기에서도 펀딩 목표를 무난히 달성하며, 안정적인 운영을 보여 주었다.

하지만 두 번째 팀장 임기에서는 상황이 달랐다. 전체 6개 팀

기회를 부르는 1%의 법칙

중 유일하게 목표 금액을 달성하지 못했고, 팀의 분위기도 악화되어 결국 팀이 화해되고 말았다. 그는 깊은 자책에 빠졌다. 사람들의 기대에 미치지 못한 데 대한 죄책감, 자신의 한계를 마주한 부끄러움 …. 이전 기수에서 축적한 인사이트를 충분히 녹여 냈고, 팀장으로서도 솔선수범하며 최선을 다했다고 생각했지만, 오히려 퇴보한 결과 앞에 그는 낙담했다.

그러나 돌이켜보면, 그 시기는 실패라기보다, 그가 리더로서 성장 곡선을 이루는 수많은 시도 중 하나였다. 실제로 그는 꾸준히 여러 프로젝트를 경험해 왔고, 그 경험 하나하나가 모두 리더십이라는 같은 Y축 위에 놓인 곡선이었다. 결코 방향이 바뀐 적은 없었다. 실패는 있었지만, 흔들림 없이 리더십이라는 좌표를 향해 계속 나아갔다.

그는 포기하지 않았다. 주변의 신뢰와 독려를 받으며 세 번째 팀장을 다시 맡았고, 그 팀에서는 펀딩 목표액을 200% 넘게 초과 달성했다. 팀원 전원이 부팀장으로 승진하는 등, 조직 운영 측면에서도 괄목할 만한 성과를 냈다. 이후 1년여 동안 그는 팀장으로 계속 일하며, 크라우드 펀딩 프로젝트뿐만 아니라 영업 MD, 마케팅 등 다양한 프로젝트를 경험했다. 그는 한두 번의 결과에 흔들리지 않고, 꾸준히 실행하고 복기하며 자신만의 성장 곡선을 만들어 갔다. 성과에 일희일비하지 않는 여유도 생겼다.

무엇보다 중요한 것은 수많은 곡선이 결국 하나의 흐름으로 이어질 수 있었던 이유가 그가 목표를 바꾸지 않았기 때문이었다는 사실이다. 리더십을 배우고 실천하며, 그것을 중심축 삼아 모든 경험을 연결해 왔기에 실패조차 끊어진 조각이 아닌, 의미 있는 곡선이 될 수 있었던 것이다.

그는 이렇게 말했다.

"그때 물러섰던 시간, 그게 진짜 도약 준비였어요."

그 실패의 경험이 오히려 그를 단단하게 만들었던 것이다. 약점을 정직하게 마주했던 시간 덕분에, 그는 훨씬 더 균형 잡히고 성숙해졌다. 현재 그는 회사에서 인사 고과 1등을 여러 차례 받은 끝에 업계 1위 기업으로 이직하여, 또 다른 도약을 준비 중이다. 그리고 여전히 한대협에서 리더십을 훈련하며, 후배들을 돕고 있다.

기억하자. 점프하기 전엔 반드시 무릎을 굽혀야 한다. 도약을 위해선 잠시 뒤로 밀려나는 시간도 필요하다. 그러니 열심히 하고 있음에도 나아지는 것 같지 않다고 조급해하지 말자. 그 시간은 '정체기'도, '슬럼프'도 아니다. 다음 성장을 위한 내공을 축적하는 시간, 더 강한 나 자신이 되어 가는 시간이다. 그 시간을 불안이 아니라 '준비'로 받아들이는 사람만이 진짜로 멀리, 단단하게 나아갈 수 있다. 지금 당신이 느끼는 '후퇴'는, 어쩌면 가장 위대한 도약을 준비하는 순간일지 모른다.

문제 없는 인생은 없고, 문제를 잘 푸는 인생은 있다

해결력, 그것이 곧 인생력이다

학창 시절, 수학 문제 하나를 3일 내내 붙들고 고민한 적이 있다. 도무지 풀리지 않던 그 문제를 머릿속에서 이리 굴리고 저리 굴리며, 포기하지 않고 끝까지 들여다봤다. 그리고 마침내 스스로 해결법을 찾아냈을 때, 온몸으로 밀려온 그 짜릿한 성취감은 지금도 잊히지 않는다.

그 이후로 공부하는 자세가 달라졌다. 문제 하나를 대충 넘기지 않고 끝까지 생각하는 습관이 생겼고, 그 습관은 실력을 만들어 냈다. 고등학교 3학년 무렵엔 수학 문제집을 일주일에 한 권씩 풀었고, 웬만한 문제는 거침없이 풀어 낼 수 있었다. 그때 깨달았다. 문제는 귀찮은 존재가 아니라, 나를 성장시키는 자극이라는 사실을. 그 깨달음은 학창 시절을 넘어, 인생 전체를 바라보는 눈을 바꿔 놓았다.

개인 사업을 시작했을 때도 마찬가지였다. 문제는 끊이지 않았다. 처음 해 보는 일들이 많았고, 예상치 못한 비용이 발생하기도 했다. 시장 반응이 예상대로 나오지 않기도 했다. 고객의 사정으로 갑작스럽게 계약이 해지되기도 했다. 하지만 문제를 만날 때마다 나는 학창 시절 수학 문제를 풀었던 때처럼, 쉽게 포기하지 않았다. 다양한 시도를 해 보며 주변에 자문을 구하기도 했다. 물론 내 선에서 최선을 다해 고민했다. 그 결과, 사업은 점점 자리를 잡아 갔고, 처음에는 위기였던 일들이 결국 성장의 발판이 되어 주었다.

한국대학생인재협회를 이끌면서도 같은 자세로 임했다. 조직이 커지고 복잡해질수록 다양한 문제들이 뒤따랐다. 사람 간의 갈등, 회원들의 이탈, 끊임없이 요구되는 아이디어 그리고 책임감이라는 무게까지. 하지만 문제를 피하지 않고 직면하며, 늘 '어떻게 하면 더 나은 조직을 만들 수 있을까?'를 고민했다. 함께하는 임원들을 독려하고, 그들과 회의를 통해 문제를 차근차근 해결해 나갔다. 그 고민이 누적되면서 더 성숙하고 안정적인 조직 문화를 만들어갈 수 있었다.

가정을 지켜 오면서도 마찬가지였다. 남편과 결혼한 뒤 많은 우여곡절이 있었다. '내 노력으로는 사람을 못 바꾼다.'라는 것을 뼈저리게 느낀 후, 기도하며 내 본분에 충실하자는 생각으로 가정을 지켰다. 그리고 결혼한 지 15년 정도 지났을 때 남편의 변화를 경험할 수 있었다. 소통이 어렵기만 했던 시아버지께도 이제는 내 의견을 조심스럽지만 정확하게 말씀드릴 수 있게 되었다. 나는 그 지난한 시간 동안 펑펑 울더라도 문제 앞에서 도망치지 않았다. 그 과정에서 진정 더불어 살아간다는 것이 무엇인지를 알게 되었고, 타인을 이해하고 수용하는 법을 배웠다. 그렇게 풀어 낸 갈등은 결국 가족 내의 관계들을 더욱 견고하고 깊이 있게 만들어 주었다.

문제를 잘 풀기 위해 가장 중요한 것은 끈기 있게 버티는 것이다. 어떤 문제는 당장은 해결이 안 되고, 오랜 시간이 지나야 풀리기 때문이다. 문제를 풀기 위해서는 내 고정관념을 내려놓고, 새로운 관점에서 바라보는 지혜가 필요하다. 때로는 자존심을 거두고 주변에 도움을 요청할 줄 아는 용기도 필요하다.

공부를 할 때도, 인간관계를 풀어 나갈 때도, 진로의 갈림길에 섰을 때도 결국 필요한 것은 문제를 붙드는 힘이다. '쉽게 포기하지 않는 자세', '답을 찾을 때까지 붙드는 끈기'가 인생 전체를 단단하게 만든다.

문제 앞에서 도망치지 않고 끝까지 붙드는 사람이 결국 자신의 삶을 주도적으로 이끌어 간다. 당신의 인생도 그렇게 단단하고 아름답게 빚어지길 진심으로 응원한다.

📁 **인성 면접에서 자주 나오는 질문 & 답변 가이드**

<u>"그 질문, 나도 들었다"</u>

이 부록은 조직이 당신의 '태도'와 '협업 역량'을 어떻게 판단하는지 보여줍니다. 실제 면접에서 자주 등장하는 질문에 대해 모범 답변과 아쉬운 답변을 비교하여 실전 감각을 높여드립니다.

질문	잘한 답변	아쉬운 답변
최근에 갈등을 겪은 경험이 있나요?	"팀원과의 일정 조율에서 갈등이 있었지만, 먼저 대화 시간을 제안해 서로의 입장을 조율했습니다. 덕분에 일정은 지켜졌고, 팀워크도 회복됐습니다."	"갈등이 있었지만 결국 제가 맞았어요. 그 친구는 워낙 고집이 세서 제가 그냥 포기했어요."
리더와 의견이 다를 때 어떻게 대처했나요?	"먼저 리더의 관점을 이해하려고 노력했고, 그다음 제가 제안하는 방식의 장점을 조심스럽게 설명드렸습니다. 결과적으로 더 좋은 방향으로 결정됐습니다."	"저는 제 방식이 맞다고 생각해서 끝까지 밀어붙였어요. 나중엔 제 의견대로 되긴 했지만 좀 껄끄러웠어요."
팀 프로젝트에서 맡은 역할과 기여는 무엇인가요?	"기획과 일정 관리를 맡아 전반적인 흐름을 조율했습니다. 특히 중간 점검 회의를 정기적으로 열어 팀원들이 방향을 놓치지 않도록 도왔습니다."	"기획이었어요. 제 부분만 잘했어요. 다른 사람들은 알아서 하더라고요."
최근에 받은 피드백 중 기억나는 게 있나요?	"문서 작성 시 간결하게 표현하라는 피드백을 받았고, 이후 보고서에 체크리스트를 추가해 더 명확하게 전달하려 노력했습니다."	"받은 피드백은 잘 기억 안 나요. 저는 주로 긍정적인 피드백만 받아서요."
팀워크를 위해 중요하다고 생각하는 태도는?	"경청과 반응입니다. 말만 듣는 게 아니라 '좋아요, 한번 해 볼게요.'처럼 진심으로 반응해 줘야 팀원이 신뢰를 느끼는 것 같아요."	"서로 간섭하지 않고 각자 할 일 잘하면 된다고 생각해요."

📁 **신뢰받는 사람들의 말 습관**

"좋은 태도는 이렇게 말한다"

✔ 목적

평소 말투와 표현을 통해 드러나는 '좋은 태도'의 언어 습관을 익힐 수 있도록 돕습니다. 조직에서 신뢰받는 사람들의 언어 패턴을 반복해서 익히면, 면접이나 실제 업무에서 자연스럽게 신뢰의 말투가 드러납니다.

✔ 상황별 신뢰의 표현

이 표현들을 자주 연습하면, '신뢰받는 말투'가 몸에 밴다.

1. 피드백을 잘 받는 사람의 말

- ✅ "그 피드백 덕분에 방향을 바로잡을 수 있었어요. 감사합니다."
- ✅ "제가 미처 생각하지 못한 부분이었네요. 바로 반영하겠습니다."
- ✅ "혹시 제가 고치면 더 나아질 점이 있다면 꼭 알려주세요."

2. 갈등 상황에서 성숙하게 말하는 사람

- ✅ "제 말이 불편하게 들릴 수 있다는 점, 인정합니다. 다시 설명 드릴게요."
- ✅ "우리의 목표는 같다는 걸 알기에, 조금 더 조율해보고 싶어요."
- ✅ "지금은 서로 감정이 올라온 것 같아요. 잠시 정리하고 다시 이야기 나누면 좋겠습니다."

3. 협업에서 신뢰를 주는 말

- ✓ "이건 제가 책임지고 처리하겠습니다. 진행 후 바로 공유드릴게요."
- ✓ "이번에는 제가 받기만 한 것 같네요. 다음에 도와드릴 기회를 주세요."
- ✓ "제가 실수했네요. 지적해 주셔서 고맙습니다."

4. 감정을 다스릴 줄 아는 사람의 말

- ✓ "조금 예민하게 받아들였을 수도 있어요. 감정 정리하고 다시 말해 볼게요."
- ✓ "지금 상태에서는 정확한 판단이 어려울 것 같아, 잠시 여유를 가지고 생각해 보겠습니다."
- ✓ "무조건 옳고 그름이 아니라, 서로의 차이를 받아들이려 합니다."

Tip

하루 한 문장을 정해 반복 연습해 보세요.

본인의 말 습관을 점검하고, 바꾸고 싶은 표현은 포스트잇 등에 적어 눈에 띄는 곳에 붙여 보는 것도 추천합니다.

📁 내가 나를 점검하는 셀프 체크리스트

"나, 조직 안에서 신뢰받는 태도를 갖고 있는가?"

자기 진단은 성장의 출발점입니다.

아래 문항에 '예 / 아니오'로 체크해 보며, 현재의 나를 객관적으로 돌아보세요.

1. 신뢰의 태도 점검

- ✓ 약속한 마감일을 꾸준히 지킨다.
- ✓ 실수가 발생했을 때 핑계 없이 인정하고 바로잡는다.
- ✓ 꾸준히 하는 힘이 있고, 조용히 책임지는 사람이라는 말을 들어본 적 있다.

2. 커뮤니케이션 점검

- ✓ 감정이 올라올 때도 말투를 조절하려 노력한다.
- ✓ 불편한 피드백도 들으려는 자세가 있다.
- ✓ 회의나 대화에서 '맞아요', '해 볼게요'처럼 반응하는 말 습관이 있다.

3. 협업과 관계력 점검

- ✓ 팀원들에게 긍정적인 피드백이나 칭찬을 자주 한다.
- ✓ 내 역할 외에 다른 사람을 도와 본 경험이 있다.
- ✓ 누군가와 갈등이 생겼을 때 먼저 다가가 풀어 본 적이 있다.

✓ **다음 단계로 무엇을 해야 할까요?**

이제 체크한 항목 중 '아니오'가 많았던 문장을 골라 보세요.
그 항목은 지금 당신의 태도에서 자주 놓치는 부분입니다.
책의 본문에서 해당 주제를 찾아 다시 읽어 보며, 내 일상에 적용할 수 있는 한 가지 행동부터 실천해 보세요.

예시

- '회의에서 반응하는 습관이 없다' → 다음 회의 때 "좋아요, 한번 해 볼게요." 한마디 실천해 보기
- '피드백을 잘 안 듣는다' → 가장 최근 들은 조언을 오늘 바로 반영해 보기

☒ 신뢰는 갑자기 쌓이지 않습니다. 작은 행동 하나하나가 모여, 나를 설명하지 않아도 되는 사람으로 만들어 줍니다. 이제 신뢰받는 사람이 되기 위한 첫걸음을 내디뎌 보세요.

📁 **나를 위한 자기 선언문**

<u>매일 아침, 또는 마음이 위축될 때, 큰 소리로 읽어 보세요.</u>

나는 할 수 있다. 나는 성장 중이다.

내 잠재력은 지금보다 훨씬 크다.

나는 나 자신을 깎아내리는 말을 멈추고,

나를 일으키는 말로 하루를 시작한다.

오늘 내가 하는 작은 시도는 결코 작지 않다.

내가 걷는 이 걸음 하나가 미래를 만든다.

지금 당장은 미흡해 보여도 나는 계속해서 나아간다.

나는 실패를 두려워하지 않는다.

실패는 나를 더 단단하게 만들 뿐이다.

나는 멈추지 않는다.

내 속에는 내가 미처 다 써 보지 못한 힘이 있다.

나는 부정적인 생각보다 나 자신을 더 신뢰한다.

나는 나에게 "넌 못 해."라고 말하지 않는다.

그 대신 나는 이렇게 말한다.

"지금은 서툴지만 곧 나아질 거야."

나는 나를 지지한다.

나는 나의 가능성을 믿는다.

나는 나 자신을 실망시키지 않을 것이다.

📁 퇴근 후 더 성장하는 사람들의 시간 사용법

일에 애정이 있는 사람들을 위한 균형 잡힌 자기 개발 전략

일에 애정이 있는 사람이라면 누구나 한 번쯤은 고민한다. "업무 몰입, 어디까지 해야 할까?", "퇴근 후엔 어떻게 시간을 써야 하지?"
'일을 좋아하지만, 삶의 균형도 중요하게 여기는 사람'을 위한 퇴근 후의 현실적이고, 지속 가능한 시간 활용법을 제안한다.

☑ 상황별 퇴근 후 시간 전략
1. 끊임없는 연구와 개발이 필요한 일을 하는 경우

✓ 현재 업무에 능숙한가?
- **Yes**, 그렇다면 나의 상사나 팀에 실질적 도움이 되는 방향을 연구하자. 자기 일도 해내면서 남을 돕는 사람은 반드시 인정과 신뢰를 얻게 된다.
- **No**, 아직 부족함을 느낀다면, 퇴근 후 30분~1시간, 주 3~5회 투자해 연구하고 학습하자. 하루에 많은 시간을 투자하기보다 꾸준함이 중요하다.

✓ 성과를 내는 방법을 알고 있는가?
- **Yes**, 그렇다면 실행만 남았다. 다만, 아이디어에 대한 근거가 빈약하다면 더 많은 학습과 고민이 필요하다.
- **No**, 성과가 나올 방법이 떠오를 때까지 붙들라. 매일 30분~1시간씩 방향성 있는 학습을 하고, 상사와 소통, 멘토와의 점검, 성찰 기록 등을 병행하자.

🔲 계단식 성장처럼, 정체기 후에 갑자기 도약하는 시점이 온다. 조급해하지 말자.

2. 반복되는 운영 중심의 일을 하는 경우

✓ 운영 효율성을 높이는 법을 연구하자.

자동화 시스템화로 생산성을 높인 후 남는 시간에 제2의 영역을 준비하자.

✓ 연관 부서의 업무까지 파악하자.

평소 소통하고 이해하던 관계에서 직무 전환의 기회가 먼저 온다.

✓ 또 다른 커리어 가능성을 탐색하자.

정부·대학·지자체의 무료 강의, 다양한 직업군과 교류를 통해 내 일을 넘어서는 안목을 넓히자. 이 기대감이 자리를 잃을 수 있다는 불안감을 덜어 준다.

▨ 시간보다 중요한 건 '지속성'

• 하루 1시간을 넘기지 않아도 된다.

단거리처럼 몰아붙이기보다, 마라톤처럼 지치지 않고 가는 게 중요하다.

• 일 외에도 중요한 것들이 있다.

가족, 친구, 건강, 수면, 운동, 사색 등도 모두 삶의 질을 높이는 자산이다.

▨ 마지막 조언

• 일은 인생의 일부일 뿐, 전부가 아니다. 성과만 좇다 보면 일중독에 빠지고, 관계와 건강을 잃기 쉽다. 그러므로 오늘 정해진 만큼 최선을 다했다면, 자신을 칭찬하고 일과 자신을 충분히 분리하라.

• 일로 인해 삶이 피폐해지는 것이 아니라, 일 덕분에 삶이 더 풍요로워지길 바란다.

📁 자기 주간 계획표 탬플릿

"작지만 꾸준하게! 하루 1시간, 나를 위한 시간 쓰기"

☑️ **사용 방법**

1. 아래 표에 자신의 업무 시간 이후 활용 가능 시간을 체크합니다.
2. 퇴근 후 1시간 이내로, 목표한 활동을 구체적으로 계획해 봅니다.
3. 계획한 활동을 실천했는지 체크하며, 스스로를 격려하고 조정합니다.

요일	오늘 퇴근 후 가능한 시간	오늘 할 활동 (구체적으로)	실천 여부	소감 & 메모
월요일			[ ] 했다 / [ ] 못 했다	
화요일			[ ] 했다 / [ ] 못 했다	
수요일			[ ] 했다 / [ ] 못 했다	
목요일			[ ] 했다 / [ ] 못 했다	
금요일			[ ] 했다 / [ ] 못 했다	
토요일			[ ] 했다 / [ ] 못 했다	
일요일			[ ] 했다 / [ ] 못 했다	

☑ 예시(초보 기획자 A씨의 하루)

요일	오늘 퇴근 후 가능한 시간	오늘 할 활동 (구체적으로)	실천 여부	소감 & 메모
월요일	저녁 8시~9시	고객 흐름도 정리	☑ 했다	생각보다 시간 오래 걸림. 내일 이어서.
화요일	저녁 9시~10시	UX 관련 유튜브 2편 시청 & 필기	☑ 했다	좋은 아이디어 얻음!
수요일	저녁 8시~9시	오늘 본 영상 정리 & 상사에게 피드백 받기	☑ 했다	칭찬받아서 힘 남!
목요일	저녁 7시~8시	없음(운동하는 날)	☐ 못 했다	건강도 중요하니 OK
금요일	저녁 8시~9시	UX 문제 해결법 케이스 리서치	☑ 했다	시간 금방 감
토요일	오후 4시~5시	업무 자동화 관련 구글링	☑ 했다	잘 정리해 두자
일요일	오전 10시~11시	없음(휴식 및 가정 시간)	☑ 휴식했다	푹 쉬고 재충전 완료

▨ 이 템플릿은 '퇴근 후 1시간 루틴'의 가시화를 통해 매일 조금씩 성장하고 있다는 자기 효능감을 길러 줄 수 있습니다.

📁 **[실전 가이드] 피드백 받을 때, 이렇게 말해 보세요**

☑ **목적**

피드백 상황에서 당황하지 않고 성숙하게 대처할 수 있도록, 상황별 '실전 대사'를 제공합니다. 금기 표현과 태도 팁도 함께 수록되어 있어, 실전 훈련 교재로 활용 가능합니다.

☑ **상황별 대답 예시**

1. **부정적인 피드백을 받았을 때**
   - "말씀 감사합니다. 그 부분을 놓치고 있었네요. 수정해서 다시 해 보겠습니다."
   - "그런 시각은 생각 못했는데, 참고해서 더 발전시켜 보겠습니다."

2. **억울하거나 설명이 필요한 상황일 때**
   - "혹시 제가 정확히 이해한 게 맞는지 여쭤 봐도 될까요?"
   - "이 상황에 대해 조금 설명 드려도 괜찮을까요?"

3. **개선 방안을 공유하고 싶을 때**
   - "말씀하신 부분을 반영해서 이렇게 바꿔 보려 합니다. 어떤지 확인해 주시면 감사하겠습니다."

4. **피드백을 준 사람에게 감사 표현할 때**
   - "저를 위해 이렇게 말씀해 주셔서 감사해요. 더 신경 쓰겠습니다."

☑ 피해야 할 말(금기 표현)

- ✓ "근데 제 잘못은 아니에요."
- ✓ "그건 저도 어쩔 수 없었어요."
- ✓ "그렇게까지 말하실 필요는 없잖아요."
- ✓ "원래 다 그렇게 했는데요?"

☑ 태도 팁

- ✓ 피드백을 받을 때 표정이 굳거나 억울해 보이면 전달자의 진심을 무시하는 인상을 줄 수 있습니다.
- ✓ 말보다 표정과 고개 끄덕임이 더 중요할 때도 있습니다.
- ✓ 끝까지 듣고, 반박보다 받아들임의 태도를 먼저 보여 주는 것이 신뢰의 시작입니다.

☑ 적용 팁

최근에 겪은 상황과 당시 사용했던 자신의 표현을 돌아봅시다.

상황	기존 표현	바꾼 표현
실수했을 때	"그건 제 책임은 아닌데요."	"제가 더 꼼꼼히 챙겼어야 했네요. 다음엔 주의하겠습니다."
오해를 받았을 때	"그건 제 얘기가 아니었어요."	"혹시 제가 말이 부족했을 수 있어요. 다시 설명 드릴게요."

🗶 신뢰의 태도는 말 한마디에서 드러납니다. 준비된 대사가 당신의 인상을 바꿉니다.

이 책을 먼저 읽은 독자들의 찬사

감사하게도 대학 시절 멘토님을 만나 그릇된 고정관념과 능력주의에서 벗어나 포용력 있는 태도로 사회생활 하는 법을 배웠습니다. 이제 막 사회에 첫발을 내딛으며 방향을 찾는 분들께 든든한 나침반이 되어 줄 것입니다.

최지혜, 건강기능식품기업 E사 기획자

취준생분 아니라 사회 초년생들에게도 강력하게 추천하는 책! 이제 막 사회에 첫발을 내딛는 이들에게 꼭 필요한 삶의 태도와 본질을 짚어 줍니다. 회사 생활을 잘하는 데 가장 중요한 '1%의 태도'를 배우고 싶은 분들에게 추천합니다!

임정명, O사 영업 담당자

지난 10년간 조은지 멘토님의 코칭을 받으며 제 스펙을 뛰어넘어 글로벌 기업에서 일하게 되었습니다. 이 책은 회사에서 버티고, 인정받고, 결국 기회를 스스로 만들어내는 방법을 담고 있습니다. 현장에서 건져 올린 '살아 있는 경험'이 궁금하신 분들께 '강추'합니다.

김휘원, 글로벌 음료기업 C사 마케터

대학생 때부터 조은지 멘토님께 배우며 편안함만 추구하던 삶에서 벗어나 칠전팔기 정신으로 꾸준히 성장해 왔습니다. 단순한 말이 아닌 삶을 통해 증명해 보이는 멘토님의 인사이트가 독자들의 깊은 내적 성장을 이끌어 낼 것입니다.

김여경, 유통업계 O사 현직자

조은지 멘토님이 늘 말씀하셨던 '능력보다 태도'라는 말의 의미를 6년의 회사 생활을 통해 절실히 깨달았습니다. 실제로 태도를 인정받아 커리어가 성장하는 순간들을 경험했습니다. 이 책은 바로 그 '1%의 태도'를 구체적으로 보여 주는 가이드입니다!

신동우, 외국계 식품 N기업 영업 현직자

작은 스타트업에서 시작해 두 번의 이직을 거쳐 지금의 자리에 왔고, 그 과정마다 '준비된 1%'가 저를 기회의 문 앞으로 데려다주었습니다. 누구에게나 기회는 옵니다. 그걸 잡고 싶은 분들에게 추천합니다.

김효재, 화장품 제조 H사 BM

이 책은 단순히 스킬을 넘어, '나라는 사람은 어떤 사람이고, 어떻게 잘살 수 있는가'라는 질문에 대한 가이드가 되어 줍니다.

한규식, 패션 E기업 기획 현직자

4학년 1학기까지 아무것도 준비되지 않았던 제가 취업할 수 있었던 건, 이 책의 내용을 그대로 따라간 결과였습니다. 다른 사람들과 비교하면서 '나는 왜 안될까'라는 생각을 하던 저에게 터닝 포인트가 되어 준 책입니다.

염종혁, E사 마케터

멘토님의 가르침 덕분에 보다 유연하고 균형 잡힌 사고가 가능해졌고 지속적으로 동기 부여를 받을 수 있었습니다. 가치관을 올바르게 정립하고, 다양한 상황 속에서 흔들리지 않는 기준을 찾고 싶은 사회 초년생들에게 추천합니다!

노유림, 식품업계 C사 AMD&마케터

이 책 덕분에 상사의 피드백을 받을 때마다 상처받거나 위축되는 대신, '내 성장을 위한 과정'으로 받아들일 수 있었고 '잘하고 싶다'는 마음을 조절하는 법도 배웠어요. 삶의 방향이 흔들릴 때마다 마음을 다잡고 싶은 분들께 권하고 싶습니다.

장윤지, T사 마케터

멘토님 덕분에 소극적인 태도에서 적극적인 태도로 성장했고 변화를 두려워하지 않고 도전할 수 있었습니다. 성장과 변화를 희망하는 이들에게 큰 길잡이가 될 거라고 확신해요.

김지현, 유통업계 L사 영업 현직자

군대 전역 후 1년간 방황하다 조은지 멘토님을 만나 취업에 성공했습니다. 멘토님의 가르침 덕분에 '조직의 성장이 곧 나의 성장'임을 깨닫고 사회생활에 지혜롭게 적용하게 되었습니다.

손민석, 식품 J사 영업 담당자

늘 불안했고 결과에만 매달리던 제게, 조은지 멘토님의 가르침은 큰 전환점이 되었습니다. 외적 동기가 아닌 내적 동기에 집중하자 막연한 두려움이 잦아들고 안정감이 자리했습니다. 이 책은 사회생활 지침서를 넘어 삶의 방향을 밝혀 주는 나침반입니다.

황려원, 대학생

원래 저는 팔로워는 주어진 일만 하면 된다고 생각했습니다. 하지만 이제는 주어진 역할 속에서 어떻게 기여할 수 있을지 끊임없이 고민하게 되었고 제 일에 의미를 찾게 되었습니다. 리더분만 아니라 팔로워이신 분들께 이 책을 추천합니다!

남가운, 대학생

기회를 부르는 1%의 법칙

초판 1쇄 발행 2025년 9월 30일

지은이 조은지
책임 편집 전채연
펴낸 곳 황금테고리
출판 등록 2014년 7월 29일 제311-2014000042호
주소 서울 은평구 백련산로 2길 42, 212-209
전화 02-375-5741
팩스 02-335-5740
이메일 thepongdang@naver.com
홈페이지 www.facebook.com/goldencirclet
인스타그램 golden_circlet

ISBN 979-11-993947-1-1 03190
© 조은지, 2025